あなたが生まれたとき、
あなたは泣いていて周りの人たちは笑っていたでしょう。
だから、いつかあなたが死ぬとき、
あなたが笑っていて周りの人たちが泣いている。
そんな人生を送りなさい。

——ネイティブアメリカンの言葉

Discover
ディスカヴァー

あした死ぬかもよ？

ひすいこたろう

人生最後の日に笑って死ねる27の質問

人生を終える日、どんな気持ちになっていたら最高ですか？

ほんとにやりたいことをやる人生と、ほんとはやりたくないことをやる人生。

あなたはどちらを選びますか？


ほんとうにやりたいことをやる人生を選びたいですよね。

しかし、予言しましょう。

このままの生き方を続けると、人生最後の日、あなたは90％の確率で後悔することになりそうです。


こんなアンケート結果があります。

次の質問は、アメリカで、90歳以上のご老人に聞いたものです。

「90年の人生を振り返って唯一後悔していることはなんですか?」

これに対して、なんと、90%の人が同じ答えでした。

それは……

「もっと冒険しておけばよかった」

このままの生き方が続いたら5年後、あなたはどうなっているでしょうか？
このままの生き方が10年続いたらどうでしょうか？
このままの人生を過ごしたら、人生の最後の瞬間に後悔することになりませんか？

あの世には、お金も家具も服も家も持っていくことはできません。
だから、この世で財産を失うことは、ほんとうの不幸ではありません。
では、この世の最大の不幸はなんでしょう？

それは、死が間近に迫ったときに、自分の人生に後悔することです。
死ぬ前に後悔することこそ、最大の不幸です。

しかし、それを避ける方法がたったひとつだけあります。

いま、この場でしっかり自分の死を想像してみればいい。

死を真剣に見つめることで、あなたは自分の「本心」（ハートの声）に気づくことができる。

どういうわけか、人は、「自分だけは死なない」と思っています。

「死ぬのはいつも他人ばかり」。

画家のマルセル・デュシャンが、そう墓碑銘に刻んだように。

でも、残念ながら、僕らが死にいたる可能性は１００％です。「オギャー」と、うぶ声をあげた瞬間から、１秒１秒、いまこの瞬間も死に近づいています。

かつてサムライたちが、あれだけ潔く、情熱的に生きられたのは、「自分はいつか死ぬ身である」という事実から目をそらさずに、「この命を何に使おうか」と、日々心を練っていたからです。

死をやみくもに恐れるのではなく、サムライたちのように、死を、ちゃんと「活用」しませんか?

死は、生《せい》を完全燃焼させるための、最高の「スイッチ」にできるんです。

いつか死ぬ身であることがハートに落ちたとき、人は自分のほんとうの気持ちを取り戻す。

お釈迦様の花と呼ばれる蓮の花。蓮の花は、きれいな水の中で大輪の花を咲かせることはできません。池の水が汚れているほど、美しく大きな花を咲かせます。

そして、その花びらは3日で散っていきます。

たとえ3日の命でも、自分らしさを咲かせたならば、それは美しい生き方になります。

それが命というものです。

ありのままの自分で、その湧き上がる本心から生きたとき、たとえ3日の命でも、そこに後悔はない。それが命というものです。

では、これから、「死」と向き合うことで、ほんとうの自分（本心）に会いにいこう。

人生最後の日に、どんな気持ちになっていたら最高ですか？
このままの生き方で、それは達成できそうですか？
できないとしたら、いつから生き方を改める？

この本では、人生最後の日に笑って死ねるための27の質問をあなたにプレゼントします。
人生は、どんな質問を自分に投げかけるかで決まります。
では、あなたを「死の世界」へ誘おう。

ひすいこたろう

いつもん 0

人生最後の日、なにに泣きたいほど後悔するだろう？

人生最後の日のあなたの気持ち……。
想像してください。
今日が、あなたの人生最後の日、そして最後の瞬間です。
（ここからは、床に寝て、仰向けになりながらお読みください）

あなたはパジャマを着て、いま病院のベッドの上にいます。
窓からは、沈みかけた日の光が差し込んできています。
病室にはあなたひとり。天井の蛍光灯の光をぼんやり眺めています。

あなたの一生は、どんな人生だったでしょうか？

いつ最後の日が来ても後悔はない。そんなふうに胸を張っていえる人生でしたか？

想像してください。あなたの魂は、あと**30秒**で肉体を離れます。
電灯のスイッチを消されたかのように、体の重さが消えていきます。

あなたは、あと**20秒**で死にます。
目がかすみ、もうほとんどなにも見えません。

静けさのなか、空調の音だけがかすかに聞こえてきます。

あなたは、あと**10秒**で死にます。
体の感覚が消えていき、空間に溶けこむかのように境目がなくなりました。

ドックン、ドックン、ドックンドックン、ドックン、ドックン、ドックン、……

心臓の鼓動がいまにも消え去りそうです。
わずかに残っていた意識が何者かに引っ張られるかのように遠のいていきます。

はい。あなたはたったいま死にました。

あなたは、いま死にました。
ほんとに死んだつもりで、これから5分間、身動きひとつせず目を閉じて、
死を感じてください。
5分たったら、次のページをひらいてください。

やり残したことはないですか？
悔しくはないですか？

このまま人生を終わらせるなんて、悔しくないですか？

たった一度きりの人生を、このまま終わらせるなんて、泣き叫びたいくらい悔しくないですか？

では、また5分差し上げます。

ここで5分間、手足をバタバタさせて、「悔しい」って、声に出して思い切り泣き叫んでください。

悔しい思いこそが、キミを追い込みます。

新しい冒険の世界の入り口へ。

その悔しさを翼に、大空へ飛び立つんです。

「泣く」という字は、「サンズイ（涙）の隣に『立つ』」と書きます。

涙のあとに、人は真に立ち上がれるのです！

さあ、どうぞ。「悔しい」って、思い切り泣き叫んでください。

しかし、いまならまだ、あなたは人生をやり直せる！

新しく生まれ変わるために、古いあなたは死ななければならない。
これまでの縛られた価値観、古いとらわれをいまこそ終わらせて、新しいあなたとして始めよう。

もう、あなたは古い自分を終わらせる準備ができている。
だからこそ、今日、あなたはこの本を手に取った。
あなたなら、今日から新しく生まれ変わることができる。
「未来のあなた」が、そう伝えにきたのです。

今日は、新しいあなたになるのにふさわしい日です。

あした死ぬかもよ?

人生最後の日に笑って死ねる27の質問

目次

第1章　後悔なく生きる

第2章 ドリーム（夢）を生きる

第3章 ミッション（志）を生きる

第4章 ハートの声（本心）で生きる

ラストメッセージ

第1章
後悔なく生きる

いつもと1

あと何回桜を見られるだろう？

人生80年として、1年を1回としてカウント。
いま30歳なら、桜を見られるのは、「80―30＝残り50回」です。

どんなに空が曇っていても、雲の上にはいつもお日さまが燦然《さんぜん》と輝いています。

同じように、どんなに悩みという雲で心が覆われていたとしても、ハートの中心には、「仏性」が宿っていると仏教ではいいます。

仏性を辞書で引くと次のようにあります。

「仏性とは、すべての生き物が生まれながらに持っている、仏となることのできる性質」。

しかし、すべての人が心の奥で「仏性」を宿しているのに、なんで、社会で成功する人もいれば、しない人もいるのだろう。そこに疑問を持った修行僧がいました。

「なんでなんだろう？」
あなたはどう思いますか？
その疑問を、修行僧は、師匠の道元に尋ねてみました。道元は、鎌倉時代に曹洞宗を開祖したカリスマ禅僧です。道元の答えは次のようなものでした。

「成功する人は努力する。成功しない人は努力しない。その差だ」

さすが、師匠。しかし、その夜、弟子はまた疑問が湧いてきました。人間は、みんな仏性を宿しているはずなのに、どうして努力する人、しない人が出てくるのだろうと。
そこで、翌日また道元に尋ねました。道元の答えはこうでした。

「努力する人間には志がある。しない人間には志がない。その差だ」

なるほど！　道元の答えに弟子も納得しました。しかしその晩、またまた疑問が湧いてきたのです。仏性のある人間に、どうして志がある人、ない人がいるのだろうと。
弟子は再び問いました。道元は答えました。

「志のある人は、『人間は必ず死ぬ』ということを知っている。志のない人は、『人間が必ず死ぬ』ということを本当の意味で知らない。その差だ」

古代ローマにも、死に関して、こんな話があります。

凱旋した将軍が、みなに拍手喝采で迎えられるパレードをする際、従者をつけて、必ずある言葉をささやかせたそうです。どんな言葉だと思いますか？

戦争に勝った将軍が、喜びの絶頂にいるときに、必ずささやかせた言葉。

それは、「メメント・モリ」(memento mori)。

「死を忘れるな」という意味です。

自分はいつか死ぬ存在であることを忘れなければ、有頂天になることもなく、物事をいつも正しく判断できるからです。

また、フランスのストラスブール大聖堂の祭壇には、「死のアレゴリー」という、髑髏《どくろ》の絵が描かれているそうです。

「あなたもやがてこのような姿になる。ゆえに絶えず私（髑髏）を記憶し、私を見つめよ」

というメッセージです。

ファッションアイテムにもよく使われる髑髏モチーフには、もともと「死を忘れるな」という意味が宿っていたわけです。

今日亡くなる方は世界で約15万人います。

人生最後の日は必ず来ます。それは残念ながら、必ず、です。

もし、あなたが30代だとしたら、桜をあと50回も見られないかもしれない。

地球があと太陽の周りを50周する間に、人生は幕を閉じます。

地球が、グランドを50周する間にです。

さあ、ここまで読み進めてくる間にも、あなたの寿命は10分縮まっています。
それが現実です。この現実から目を背けてはいけない。
その自覚こそが「差」になる。

「命がけで生きる」という言葉がありますが、僕らは、みんな、生まれたときから命がけなんです。

鼻くそをほじっていたって、寿命は縮まっている。
鼻くそをほじっていたって、それは命がけでやっているんです。
だから、いま、あなたはこの本を命がけで読んでいる。

現実を見よう。
「メメント・モリ」。死を忘れるな。

参考文献　『小さな人生論3』藤尾秀昭（致知出版社）

いつもん2

どんな制限を自分にかけているだろうか？

ナディーン・ステアさんの詩をご紹介します。

人生をもう一度やり直すとしたら、今度はもっとたくさん失敗したい。
そして肩の力を抜いて生きる。
もっと柔軟になる。今度の旅よりももっとおかしなことをたくさんする。
あまり深刻にならない。もっとリスクを冒す。
もっと山に登ってもっと川で泳ぐ。
アイスクリームを食べる量は増やし、豆類の摂取量は減らす。
問題は増えるかもしれないが、想像上の問題は減るだろう。
というのも、私は毎日常に良識ある人生をまともに生きてきた人間だからだ。

もちろん、バカげたことも少しはやった。

もし生まれ変わることがあったら、バカげたことをもっとたくさんやりたい。何年も先のことを考えて生きる代わりに、その瞬間だけに生きたい。

私はどこに行くにもいつも万全の準備を整えて出かけるのが常だった。体温計や湯たんぽ、レインコートやパラシュートなしにどこにも行かなかったものだ。

人生をやり直すとしたら、もっと身軽な旅行をしたい。

もう一度生き直すとしたら、春はもっと早くから裸足で歩き出し、秋にはもっと遅くまで裸足でいる。

もっとたくさんダンスに出かける。もっとたくさんメリーゴーランドに乗る。

もっとたくさんのデイジーを摘む。

それぞれの瞬間をもっとイキイキと生きる。


これはナディーン・ステアさんが、人生をまもなく終える晩年、85歳のときに、「もう一度人生をやり直せるなら」と書いたものです。

「バカげたことをもっとやればよかった」って後悔するのは、「バカをしちゃいけない」という思いがあるからです。

「もっとダンスに行けばよかった」って後悔するのは、「楽しんではいけない」という思いがあるからです。

まずは、あなたを自由に生きることから遠ざけている、思い込みや制限を探ってみましょう。では、次に続く文章を声に出して読んでみてください。

- 人と違ったっていいんだよ。
- 恥をかいて人に笑われてもいいんだよ。
- もっと自分に素直に、ありのままに生きていいんだよ。
- すべての人と仲良くできなくたっていいんだよ。
- 大好きな人に「大好き」って伝えてもいいんだよ。
- 自分の意見を主張してもいいんだよ。
- 弱い自分を見せたっていいんだよ。

・嫌なことは断ってもいいんだよ。
・人に助けを求めたっていいんだよ。
・もっと豊かになってもいいんだよ。
・楽しいことを優先したっていいんだよ。
・幸せになってもいいんだよ。
・自分を好きになって、もっと自分を信頼してあげてもいいんだよ。
・生きたいように生きていいんだよ。

（声に出して、最初からもう一度、自分に優しく伝えてあげてください）

「人と違ったっていいんだよ」という言葉を声に出して読んだときに、何か心に引っかかるものがあれば「人と違ってはいけない」という制限を無意識に自分にかけている可能性があります。引っかかった言葉を、今日から3週間、寝る前に3回、自分に優しく伝えてあげよう。

100㎞マラソンに出場した友だちが驚いていました。
42・195㎞のマラソンにチャレンジしたときは、ゴール地点の42・195㎞で倒れていたのに、１００㎞マラソンに出たら、なんと42・１９５㎞を普通に通過したというのです。

限界は自分で決めているのです。

そうです。あなたを縛る制限は、あなたの心の中にある。

ならば制限を外すのは自分次第、そう難しいことではないのです。


では最後に質問です。

あなたが死ぬ前に、後悔しそうなことはなんだろう？

それは、どんな制限を自分にかけていたからだろう？

次のページに書き出してみよう。


出典『人生をやり直せるならわたしはもっと失敗をしてもっと馬鹿げたことをしよう』ラム・ダス　ヒューイ陽子訳（VOICE）

あなたが死ぬ前に、後悔しそうなことはなんだろう？

それは、どんな制限を自分にかけていたからだろう？

いつもん 3

あなたが両親を選んで生まれてきたのだとしたら、その理由はなんだろう？

「親父にビールを買ってやろう」

ある給料日にそう思い、お店でケース買いして、実家に届けに行きました。

当然親父は喜び、すぐに乾杯。そう思ったのですが、親父の反応は違いました。「明日からありがたく飲むよ」と。「なんだよ！　いま飲まないのかよ」と思いつつ、その日は自分の家に戻ったのですが、翌日、仕事中に電話が鳴りました。実家からでした。

「え、親父が、進行性の胃ガン！？　余命3カ月？」

もう胃の出口がガンで塞がれていて、栄養はチューブからとなるので即入院とのこと。

「しまった！」

その瞬間の言葉を表すならば、それです。

何にも親孝行しないまま、「ありがとう」すらまともに言えないまま、親父との時が終わってしまう……。そのときが来るとすればもっと後だ。漠然とそう思っていました。息子の贈ったビールを一口も口にしないまま、そのときが来てしまうのか。「しまった！」。今もその言葉でしか表現できません。

親父はとても真面目で律義でしたから、医師の見立てと違わず、「余命3ヵ月」、その通りに死にました。その3ヵ月、自分なりに、なりふりかまわず親父の看病はしました。けれども、父を取り戻すことはできなかった。あっという間に永遠の別れがやって来ました。

息子としていつかできる。いつかはやろう。そのうちやろう。

そう思ってきたこと、なにひとつできなかった。

どんなに泣いて反省しても、どんなに出世しても、どんなに神に祈ってもできない。

そういう「時間の限り」ってある。

「いつでもできる」なんてことは、この世にひとつもないんだ。

やるならば「今」しかない。やれることは「今このとき」にしかない。

そう全身全霊で学んだのです。痛いくらいに。

ちなみに、最後の一時退院の際、ほんとうにチビりとだけ、私の買ったビールを飲んでくれて、「うまいな〜」と言った親父の姿が、唯一、少しの救いです。久しぶりに押し込めていた感情と向き合えました。泣けました。

わたべゆたか

これは、読者さんからいただいたメールです。

「いつでもできる」なんてことは、この世にひとつもないんです。
だから、気持ちは、いま、伝えるしかない。
「ありがとう」「ごめんなさい」「許してください」「愛しています」。
あなたの正直な気持ちを両親に伝えよう。
また、その気持ちを十分に伝えていない、あなたの大切な人にも伝えにいこう。
このままでは、必ずそのことを後悔する日が来ますから。

「いま死んだらなにに後悔するだろうか？」というアンケートがあります。その結果では、こんな回答がありました。

「死んだ父を許してあげられなかった」（49歳　男性）
「親の愛情に気づけなかったこと」（37歳　男性）
「子どもたちがまだ幼かった頃、自由にならないことの多さに押しつぶされ、心から育児を楽しいと思えなかった」（48歳　女性）
「ただ『恥ずかしい』というだけで、妻に『愛してる』といえないこと」（52歳　男性）
「会社経営に必死で、妻を幸せにできただろうか」（42歳　男性）
（致知出版社調べ）

『親が死ぬまでにしたい55のこと』という本の中に、親と離れて暮らしている場合、あと何時間親と過ごせるのか、およその目安が掲載されていました。
1年間で親に会えるのはお正月とお盆の6日間として計算。1日に親と一緒にいる時間を11時間と計算。親が60歳から80歳まで生きるとします。すると、

親の残された寿命（20年）
×1年に会う日数（6日間）

×１日に一緒にいる時間（11時間）

＝**１３２０時間。**

日数にするとわずか**55日。**

衝撃の、**「余命２ヵ月」**です。

お母さんは、生まれたばかりのあなたにおっぱいをあげて、おむつを替えてくれた。あかちゃんのおむつ替えって、想像するよりはるかに大変なこと。２歳過ぎまで、毎日７回替えると計算すると、オムツ替えだけで６０００回もやってくれているんです。夜泣きしたら眠たい目をこすり、優しくあやす。熱を出したらつきっきりで看病する。きっと寝られない日だってあったはず。

それだけの愛情を注がれているんです。あなたがものごころつく前に、すでに。

だからこそ、「産んでくれてありがとう」。そう伝えたいですよね？

人によっては、恥ずかしくていえないということもあると思います。ならば、

「ごはんおいしかった。ごちそうさま」

「洗濯しておいてくれて、ありがとう」

「お弁当いつもありがとう。おいしかったよ」

そんな何気ない一言に、ふだんより気持ちを込めてみるのはどうでしょう。


では、冒頭の問いに向き合ってもらいます。

まず、自分の原点である、お父さん、お母さんの、好きなところや感謝したいこと、「この親のもとに生まれてよかった」と思えることを、全部で5つあげてみましょう。

場合によっては、親はあなたの最高の反面教師としての役割だったということもあるかもしれません。

そのうえで質問です。

スピリチュアルな世界では、実は、「自分が両親を選んでこの世に生まれてきた」とよくいわれます。もし、それがほんとうだとしたら、あなたが親を選んだ理由はなんだろう？

では、あなたはいま、どんな気持ちを、両親に一番伝えたいでしょう？

これから、その気持ちを両親に伝えにいこう。
両親が亡くなっている方は、その気持ちを空につぶやいてみましょう。
そして、今日からの自分の生き方で、周りを明るく照らせばいい。
それこそが、最高の親孝行です。

参考文献『親が死ぬまでにしたい55のこと』親孝行実行委員会（泰文堂）

「この親のもとに生まれてよかった」って思えることを５つあげてみよう。

1

2

3

4

5

あなたがご両親を選んでこの世に生まれてきたとしたら、その親を選んだ理由はなんだろう？

いつもん4

あなたの人生は、100点満点中、いま何点？

人生思いどおりにいかないって悩んでいるあなたへ。

生きることって大変ですか？


当然ですって。

お釈迦様は約2500年前、「人生は、苦（ドゥッカ：思い通りにいかないもの）である」と悟ったわけですから。

生まれてくることも、死ぬことも、老いることも、病気になることも、肝心なことはすべて思いどおりにいかないのが人生です。

仮に思いどおりにいったとして、病気にならずにあなただけ200歳まで生きたとしましょう。

そのとき、あなたの親や奥さん、ご主人、恋人、友だち、子ども、大切な人たちはみんな死んでいます。それでも幸せだと思いますか？

実は、思いどおりにいかないからこそ、人生は面白いんです。

サッカーが面白いのは、手を使ってはいけないから。ゴルフが面白いのは、ボールを手に握りしめて、手で穴にねじ込んじゃいけないから。なんでマラソンが感動するか知っていますか？　42・195km、車で走っちゃいけないから、感動するんです。車で42・195km走ったら、「あ、そう」っていわれるだけです（笑）。

どこに投げても、全部ストライクになる、思いどおりになるボウリング場があったら、行きますか？「お客様、当ボウリング場は、お客様がどこへ投げても全部ピンが倒れるようになっていますので、適当に投げていただいて大丈夫です」。そんなボウリング場に、お金を出して行きますか？

思いどおりにいったら、人は退屈するだけです。

ゲームの1面ばかりやっているようなものだから。


生きるって大変ですか？

大変に決まってるじゃないですか。

大変だからこそ、面白いんです。

大変だからこそ、人は「大」きく「変」わることができるんです。


そして、もうひとつ、あなたに伝えたい人生の真実があります。

どんなに大変なことがこの先に起こっても、あなたに、乗り越えられない問題は起きない。

そう断言しておきます。

その理由をご説明しましょう。

これは僕が心理療法を習った矢野惣一先生から教えていただいた手法なのですが、不安を瞬間的に軽減する方法があるんです。

例えば、「え、そんな仕事やったことないんだけど、できるかな？」って不安になったとき、自分に向かって次の質問をするんです。

「何点？」って。

「過去最高度の不安を10点とすると、この不安は何点？」って。

過去最高度の不安を10点とすると、この不安は8点かな。

だったら、余裕でしょ？

過去最高度の不安を10点とすると、今回の不安は6点かな。

だったら、余裕でしょ？

こんなふうに、「何点？」と質問をした瞬間に、「不安」が3秒で「余裕」に切り替わるんです。図にするとこんな感じ。

不安→3→2→1→**余裕**

図にするまでもなかったですか？（笑）
嫌な感情は「数値化」すると、その感情を「客観的」に見られるようになります。
すると、すーっとその感情が離れていくのです。

そして、ここからがこの話の本題なのですが、僕らは、究極の逆境をすでにくぐり抜けてきています。

それは、誕生の瞬間です。

せまい産道を通って生まれてくる。このとき、約1・5トンもの圧力が体にかかるといわれ、これを「バーストラウマ」と呼ばれています。

スペインの闘牛が約1トンですから、約1・5トンの圧力というのがいかにすさまじいかがわかります。なんせ、頭蓋骨がゆがむほどの苦痛を乗り越えて産道を通り抜け生まれてくるのです。最近、頭蓋骨がゆがむほどハードな逆境ってないですよね？（笑）

人生では、いろんな大変なことが起きるけど、一番つらいことは、すでに乗り越えているんです。


生まれてくるときの苦痛を「10」としたら、生まれたあとに起きることはすべて「9」以下です。

だったら、乗り越えるのは、余裕じゃないですか？

人生に乗り越えられない問題は起きない。

なぜなら、生まれてくること以上に大変なことってこの世にないからです。

あとは思い切り生きるだけです。

最後の日が来るその日まで。


では再び、聞きます。

これまでの人生に点をつけるとしたら、１００点満点中いま何点ですか？

60点ですか？　70点ですか？

その点が、もう10点上がるとしたら、いまと何が違いますか？

10点上がったとしたら、それはあなたがなにをしたからだと思いますか？

どんな時間の使い方で、どんな心がけで、どんな習慣を持ったから点が上がったのですか？

この一連の質問に気づいたことを書き出しておこう。

あなたのこれまでの人生に点をつけてみよう。

＿＿＿＿＿＿＿＿点

その点が10点上がるとしたら、いまとなにが違う？

10点上がったとしたら、なにをしたからだと思いますか？（10点上がったのは、どんな時間の使い方で、どんな心がけで、どんな習慣を持ったからでしょうか？）

いつもん5

失う前に、気がつきたい幸せはなんですか?

もう数時間、心臓マッサージをしていた。

救急車で運ばれてきたその若い男性は、朝から普通にデスクワークをしていたのですが、突然倒れ、今は呼吸もしていないのです。それでも、この男性を生き返らせようと、心臓マッサージ、人工呼吸を、汗だくで一心不乱にがんばったそうです。CT検査をすると、くも膜下出血でした。1時間が過ぎ、2時間が過ぎました。残念ながら、患者さんの心拍も呼吸も再開しませんでした。

そこに、この男性の家族がかけつけてきました。

若い女性と、小さな女の子。

いつもと同じように、その男性は手を振って会社へ出かけたのだそうです。

それなのに、今は、もう……。

小学校にあがる前の娘さんは、事態がつかめず、にこにこしています。

「パパ、何やってるの？　パパ！」

返事はありません。娘さんはまだ笑顔です。

お父さんは、冗談でやっていると思ったようです。

何十秒かが過ぎた頃、娘さんが叫び声をあげました。

「パパ！！！！　パパーッ！！！　パパーーーッ！」

娘さんは理解したのです。もう、ほんとうにパパは戻らないと。


これは、終末期医療を専門に行い、これまで約1000人の死を見届けてきた緩和医療医・大津秀一先生の体験です。

大津先生は、どうしてもこの命を救いたかった。

でもムリでした。

死亡宣告を終えて、部屋に戻ってきたとき、「医者って何なんですか⁉　こういう命を救うために、僕らは医者をやってるんじゃないですか⁉」と後輩が泣きながらいいました。

「今日無事に生きていられるというのは実はとても幸福なことです。自らの両親が健在なのだとしたら、それもまた幸福なことです」

大津先生はそうおっしゃいます。

大好きな人が死なずに、今日生きていてくれる。それ以上の幸福ってありますか？

生きているって、大好きな人に会えること。会いに行ってその人を感じることができる。これ以上の幸福ってありますか？

そして、キミが大切に思っている人は、同じように、キミが生きていることで幸福を感じているはずです。幸せの本質は、そこにいてくれること、「存在」にこそあります。

１億円あげるっていわれても、大好きな人に会えない人生なんていらないから。

人は、失ってから初めて幸福に気がつく。

でもキミはもう、失わなくても気づいたよね？

出典／参考文献『ありがとう　生きること　そのすばらしさ』大津秀一（致知出版社）

いつもん
6

これだけは失いたくないもの ベスト5は？

「これだけは失いたくない」ってもの、ありますよね？　そのベスト5を考えてみてください。僕の例であげるなら、

・家族
・友だち
・本を書くという仕事
・これまで書いた本
・宮下貴裕さんの作った服

あなたはどうでしょうか？　失いたくないものを5つ考えてみてください。

必ず、5つ考えてから、次のページをめくってください。

「これだけは失いたくない」というものベスト5は？

1

2

3

4

5

はい。
あなたはそのすべてを失います。
あなたが死ぬ日に、
それらをすべて失います。

「ひすいさん、岩手の山田町においしいものを食べに行きませんか？」

ある友人に、そう誘われました。

山田町といえば、東日本大震災の津波で町ごと流されてしまった場所。

そこに、おいしいものを食べに行く？　その友人がいいました。

「ひすいさん、山田町ってすごいんです。今回の震災で町中の方々が悟ったんじゃないかって思えるくらい、町の方々がすごい言葉を発するんです」

というわけで山田町に連れていっていただきました。

僕らを最初に出迎えてくれたのは漁師のおじちゃん。

いきなり、ごっそり、新鮮な牡蠣とムール貝を出してくださいました。

え？　いいの？

「食べんしゃい、食べんしゃい」と漁師のおじちゃん。

「ここにいる仲間は、みんな家も流されて、仕事もないんだ。はははは」

え？　え？　え？　はははって？

被災地の方たち、家を流されているのにこんなに明るいの？

仕事もなくなったのにこんなに明るいの？

笑いの絶えない山田町の方たち。1時間が過ぎた頃、僕はそのおじちゃんにこう切り出してみました。

「どうしてそんなに早く立ち直れたんですか？」

その質問で、おじちゃんの笑顔が一瞬だけ止まったように見えました。

そして逆に質問されました。

「立ち直ってると思う？」

ああああああ！！！！　しまった！！！　そうだよな。僕はなんて無神経な質問をしてしまったんだろう……。おじちゃんはこう続けました。

「悲しんで下を向いてたってなにも始まらない。いまは前を向くしかない。ウソでも笑える人は前へ進める」

あとでわかったことですが、そのおじちゃんはお兄さんを震災で亡くされていました。一夜にして家を失い、仕事を失い、家族を亡くしながらも、ウソでいいからと笑い、前へ進もうとしている方たちが山田町にはいました。

遊びに行った日の夜は、漁師さんのほか、魚屋さん、スーパーマーケットを経営している方、レストランのシェフの方など若手のみなさんも飲み会に参加してくれました。

スーパーで働くある方はこういいました。

「絶対泣いちゃダメだ」

そういって、次の日から仕事を再開して町の人たちにお弁当を配って回り、震災後4日目には壊滅したスーパーの横の駐車場で、青空スーパーを開店しました。

ある人はこういいました。

「山田町のみんなを見たら、『がんばれ』っていえなくなると思う。だってがんばってるから」

ある漁師さんはこういいました。

「食えないからってこの仕事をやめるつもりはない」

お店を流されて自宅で食品加工業を再開したある社長さんはこういいました。

「海に恨みはない。逆にこれまでいかに海が私たちに恵みを与えてくれていたのかに気づいた。こうして働けるようになって、いまは仕事が楽しくて感謝しかない」

食べるものがなくなって山の中に入ってどんぐりを見つけたとき、「これで、何があっても、食べていけると思った」と語ってくれた人。

山田町が大好きな子どもたちのために、来月イタリアンレストランをひらくんだと語ってくれた人。よくよく話を聞いたら、その方は、奥さんを震災で亡くされていました……。

1階が津波で壊滅。2階もボロボロ。

ならばと3階で床屋さんを再開しているお店もありました。

「自分のことで悩めるって幸せよ」

「つまらないものを持っているからつまらなかったんだとわかった。つまらないことをしているからつまらなかったんだとわかった」

「すべてを失って、なにもいらないことがわかった」

「元気だからがんばるんじゃない。がんばるから元気が出るんだ！」

聞いた言葉の一つひとつが、胸に突き刺さりました。

「命をなめんなよ」

そういわれている気がしました。

僕らは100年後、この地球にいません。

つまり、得たものを、すべて手放す日が来ます。
昨日得たものも、明日得るものもすべて手放す日が来ます。

大切なカバンをなくしてしまった？
そんなに落ち込まなくて大丈夫です。
そのカバンは、いつかはなくすものだったんですから。
そう考えると、何かを得ることが人生ではないことがわかります。
天の迎えが来るその日まで、思い切り生きること。それが人生です。

寒さのなか、家族を失い、家を失い、仕事を失った人たちが、ウソでもいいからと笑って前へ進んでいる。「泣いたって何も始まらないから」「笑っていると勢いが出るんだ」。そう笑いながら。

そんなにすごい力が人間には隠されているんだ。

そんなにすごい力があなたにも隠されているんだ。

そのすごい力を発揮しないで、死んでどうする⁉


どうせ死ぬなら、自分の底知れぬ可能性に驚いてから、死のうよ。


後日談。

山田町の方々の声を生で聞いてもらおうと、友人が東京で講演会を開きました。

その2次会の席で、たまたまスタッフのひとりがその日誕生日だったので、お酒をプレゼントされていたんです。そのお酒のボトルがあまりにかわいくて、封を切るのを渋っていたところ、山田町の方に、笑いながら、こういわれてしまいました。

「封あけちゃえば？　とっておくと、津波で持ってかれちゃうよ」


これが、いまを生きる生き方です。

いつもん 7

いま抱えている悩みは、たとえ人生最後の日であっても、深刻ですか？

もしあなたが一夜にして1億円の借金を背負い、裁判に巻き込まれ、命まで狙われるようになったら平常心でいられますか？

実は、実際にそんな状況になっても、人生を楽しんでいた男がいます。

幕末の革命児、坂本龍馬です。

「これからは、カンパニーじゃあー」と、意気揚々と貿易会社・海援隊を立ち上げた龍馬。

龍馬、当時32歳。その最初の船出で、いろは丸は紀州和歌山藩の蒸気船・明光丸に衝突。いろは丸に乗っていた海援隊員は明光丸に乗り込み、命は助かったものの、いろは丸は沈没してしまうのです。

龍馬たちは明光丸の過失を主張。

しかし、相手は江戸幕府の徳川御三家、天下の紀州藩です。

一方、海援隊は、脱藩浪士たちの集まり、事実上、フリーターです（笑）。

王者・徳川御三家VSチームフリーター。これでは勝ち目はない。泣き寝入りするしかありません。

しかし龍馬はあきらめなかった。龍馬はなにをしたのか？

〃sing a song〃です！
船を沈没させられた賠償金を取るために作詞作曲で立ち向かったのです！！（笑）

「船を沈めたそのつぐないは　金をとらずに国をとる
♪〜はあ　よさこい　よさこい
♪〜国を取って　ミカンを食らう
♪〜よさこい　よさこい」

歌を作り、街でみんなにその歌を歌ってもらい、この事件に注目を集めて、紀州藩を逃げにくくさせたのです。

「そんなに逃げていると金を取らずに国ごと乗っ取って、和歌山のミカン食べちゃうぜよ、よさこい、よさこい」という歌です（笑）。

さらに、龍馬は裁判を公平にさせるために幕府主導ではなく、「万国公法」という世界のルールブックを持ち出した。

おまけに、龍馬は交渉の場で仲間にいじめられていたんです！

「龍馬、何をグズグズしてるんだ！　アホか、おまえ！　紀州藩ごとき、国ごと取ればいいぜよ」。龍馬は交渉の場で、こんな感じで仲間に強く責められ、いじめられていたんです。

すると、紀州藩のメンバーたちはこう思い始めました。

「リーダーの龍馬があんなにいじめられてるぞ。海援隊のやつら、怒らせたらヤバいかもしれない」。実は、これも龍馬の作戦でした。交渉に同行させた海援隊のメンバーにワザと刀を帯びさせ、龍馬を強く責めさせたのです。相手をビビらせるために（笑）。

そして、事故から1ヵ月後、紀州藩は海援隊に賠償金8万3526両198文を支払うことで事件は決着。いまの億単位に当たるお金です。

なんでこんなにお金を取れたかというと、いろは丸の積み荷にミニエー銃四百挺を積んでいたと主張したからです。しかし、現在までミニエー銃はおろかひとかけらの部品さえ見つかっていません。つまり、龍馬はハッタリをかまして、積んでいない銃のお金までガッポリいただいたというわけです。転んでもただでは起きない男（笑）。


龍馬がこの裁判で談判した地がいまは旅館になっており、先日泊まってきました。

僕は、早朝、龍馬が談判したまさにその場所で座禅を組み、静かに目を閉じました。

龍馬を感じていると、龍馬は人生をなめきっていたことが伝わってきました。

だって自分の船が沈んで賠償金を取るのに、「ｓｉｎｇ ａ ｓｏｎｇ」ですよ！

大ピンチに歌うんです。

大ピンチに世界に視点を向けて、裁判では、仲間からいじめられる大芝居。

そして最後は、ハッタリをかます。

深刻になっていてはとてもできない。眉間にシワが寄っていたのではとても浮かばない発想です。

龍馬は、人生をなめきっていた。

いい意味で。

しかも、龍馬は、この談判の地、鞆《とも》の浦の美しさに感動して、龍馬の妻・おりょうに「鞆《とも》」という名前をプレゼントしているのです。「おりょうって名前は親からもらった名前だから、オレからも名前をプレゼントしたい」と奥様にプレゼントした名前が「鞆」です。これ、ありえますか？

船を沈められ裁判の渦中。おまけに龍馬は脱藩して、命を狙われている身。まさに龍馬にとってはトラウマといっていい地にちなんだ名前を奥様にプレゼントしているんです。

自分が交通事故に遭った地の名前をプレゼントするようなもの（笑）。

龍馬は、トラウマすら楽しんでいた。人生をいい意味でなめきっていないとできないことです。

龍馬が勝ち取った賠償金はその後、岩崎弥太郎が引き継ぎ、そこから三菱グループが生まれ、そのとき「キリンビール」も誕生しています。だから、キリンビールのキャラクターのデザインは、頭は「龍」で、足は「馬」。つまり、「龍馬」。大ピンチを大チャンスに変えた「龍馬」へのリスペクトを込めてのデザインだそうです。

「なんでも思い切ってやってみろよ。どっちに転んだって、人間、野辺の石ころと一緒。最後は骨となって一生終えるのだから。だから思い切ってやってみろよ」

これは龍馬が生前残した言葉ですが、この言葉どおり、龍馬は、どんな事態でも、深刻にならずに、人生を冒険として生き抜きました。

それができたのは、人間、最後は、野辺の石ころになる身（いつか死ぬ身である）と、常にハートの真ん中に落とし込んでいたからです。

龍馬は、一番多感な12歳のときに母を亡くし、その8年後、今度は父を亡くしています。

人は必ず死ぬものであると、龍馬は痛いほど知っていたのです。

ある劇団では、そのシーンをこんなふうに演じていました。

母を亡くし泣く龍馬に、姉の乙女《おとめ》は問う。

「龍馬、人はみんな死ぬ。どうせ死ぬんやったら生まれてこんでもいいのに。それでも人は生まれてくるんよ。なんで？」

答えられない龍馬に乙女はいう。

「みんなそれを探しながら生きていくんやって思う。龍馬も探さんといかんのよ。生まれてきた意味を」


財布を落としたら、人は必死に探すのに。

携帯電話を落としたら、人は必死に探すのに。

自分の本心を忘れても、人は、落としたことにすら気づかない。


いつか死ぬ身であることを胸に刻めば、あなたは自分の本心を思い出す。

本心（ハート）で生きると、人生は冒険になります。

深刻になったら、負けぜよ。

最後は骨になるだけぜよ。人生5万年じゃないんだ。たかが数十年。

だったら、思い切り駆け抜けてみろよ。

大丈夫。
人生最後の日から見たら、すべての悩みは、懐かしい思い出になりますから。
つまり、あなたは、いま、「懐かしい思い出」に悩んでいるわけです。

今の悩みが少しバカバカしくなってきたでしょ？
じゃあ、一度きりの人生にキリンビールで乾杯ぜよ。
チーーーーーーース♪

参考文献『維新語録　龍馬めくり』（龍馬と維新に学ぶ会）『名言セラピー　幕末スペシャル The Revolution』ひすいこたろう（ディスカヴァー・トゥエンティワン）『心が折れそうなとき　キミを救う言葉』ひすいこたろう＋柴田エリー（ソフトバンク文庫）

あなたの今の生き方は、
どれくらい生きるつもりの
生き方なんですか?

by 伊坂幸太郎

出典『終末のフール』(集英社)

あすがある、
あさってがあると考えている間は
なんにもありはしない。
かんじんの「今」さえないんだから。

by 東井義雄

出典『佐藤一斎「言志四録」を読む』神渡良平（致知出版社）

自分にとって、ほんとうに大事なことってなんだろう。
自分にとって、ほんとうに大切な人って誰だろう。
このふたつを、本気で思っているだけで、
いい人生が送れるような気がする

by 糸井重里

出典『智慧の実のことば』ほぼ日刊イトイ新聞語録

やれる可能性があるやつが努力しないのを見ると
胸倉つかんで「俺と変われ」と言いたくなる。

23歳で白血病で亡くなった悠季くんが生前に残した言葉

Man lives freely only by his readiness to die.

死ぬ覚悟ができて初めて人は自由になる。

（英語のことわざ）

人生二度なし。

by 森信三（哲学者）

出典『人生二度なし』（致知出版社）

登りたい山を決める。
これで人生の半分が決まる。

by 孫正義

出典「新卒LIVE2012」より

死ぬ気でやれよ、死なないから。

by 杉村太郎

出典『アツイコトバ』（中経出版）

第2章
ドリーム（夢）を生きる

いつもん
8

あなたにとって理想の人生とはなんでしょう？

人は、心からときめいたとき、どんな苦労をも乗り越える力を持つ。

野生のシロクマに会いに行くのは、そう簡単なことではありません。

毎年10月下旬から11月上旬にかけて、カナダ北部のハドソン湾に面したチャーチルには数百頭のシロクマたちが集まってきます。シロクマたちは、ここからアザラシを猟りに北極へ向け、旅発って行くので、チャーチルに行けば、かなりの確率で野生のシロクマと出会えます。

しかし、チャーチルには日本からの直行便はありませんから、3回飛行機を乗り継ぎます。

極北の地で、最後に乗り込む飛行機はプロペラ機ですし、飛行時間は全部で15時間以上。乗り換えの時間も加わるから、行って帰ってくるだけで、４日かかります。

旅行代金だって通常の海外旅行の３倍はします。

しかも着いたら着いたで、そこは、平均気温マイナス26℃の、顔が痛くなるほどの極寒の世界です。


でも、そんな地に、14年間も、毎年通っているのが、写真家の丹葉暁弥《たんばあきや》さんです。

彼とシロクマの出会いは小学校５年生のとき。夏休みの宿題として、近くの動物園で動物の飼育を手伝うことになり、彼はシロクマの担当に選ばれます。そこで、シロクマと初めて目が合ったとき、シロクマを大好きになるのです。そして、大人になったら、絶対、野生のシロクマに会いに行くと決めました。


野生のシロクマに会いたいから、14年間も、毎年通っている。

シロクマとできるだけ一緒にいたいから、写真家になった。


ここで僕が伝えたいのは、「どんな人生ならば、あなたは心からときめくのか」ということです。人は、心からときめいたとき、どんな苦労をも乗り越える力を持つからです。

だから、一度きりの限られた人生。こう問うてみることは大切だと思います。

「自分にとって、理想の人生とはなんだろう？」


どうでしょうか？

ワクワクできる人生を描くことができたら、人はそこに自然に向かいたくなります。

だから人生はとてもシンプルになります。


とはいえ、なかなか答えが出ない方もいることでしょう。そんな方のために、ワクワクの手がかりをつかめる「ミラクル・クエスチョン」をご紹介します。

では、想像してみてください。

「ある晩、あなたに奇跡が舞い降りて、
あなたの願望がすべて叶えられたとします。
あなたは自分の身に奇跡が舞い降りたことに気づかずに目を覚まし、いつものように1日が始まります」

これがミラクル・クエスチョンの前提です。
これから5つの質問をします。

①　奇跡が起こったことに、あなたはどんなことで気づくでしょう？
（部屋の間取りや広さが違うなど）

②　奇跡が起きたとき、あなたは、いつもとは違う、どんな行動をとっているでしょう？
（家族と一緒に朝食をとっているなど）

③　あなたのご家族や仕事仲間たちは、あなたにどんなふうに接してくれるでしょう？
（相手の言葉や行動をよく観察してみる）

④　奇跡の1日は、ふだんの1日と比べて、どんなふうに違っていますか？

⑤　①～④の中で、いまのあなたにムリなくできることはどれですか？

この5つの質問には、「楽しくやっている」といった気分的な答えではなく、映像化できるくらい具体的に答えてください。「楽しくやっている」としたら、どのような仕草や言葉が楽しそうなのかを答えるのです。

また、うまく浮かばなくても、「きっと、こんな感じかな」と自分なりに想像してみてください。

このミラクル・クエスチョンで最も大切なのは、「ささいな違い」まで観察することです。例えば、

「カーテンの色が違っている」
「枕の向きが反対になっている」
「いつもよりも大きな声で挨拶している」
「いつもと違うアクセサリーをつけている」

などなど。

「映像」（未来の自分像の明確化）＋「体の感覚」（夢を叶えている未来の自分の感情の体験）。

この重要な2つのポイントを押さえられるのがミラクル・クエスチョンです。

ミラクル・クエスチョンで「夢を叶えた1日」を明確にしたら、その中で、今の自分でもムリなくできることをやる。実は、やることはそれだけです。

これだけで残りの未来も引き寄せられてきます。

このミラクル・クエスチョンは、心理療法家の友人、スズキケンジさんから教えてもらいました。彼が、矢野惣一先生の講座でこのミラクル・クエスチョンを習ったときに、奇跡の1日の朝は、海の見える広い家で目覚めたのだそうです。そして、作家となり執筆活動をしていた。学校で講演もしていて、犬と一緒に近くの海を散歩しているというイメージが浮かんだそうです。

当時、彼は心理療法を学び出したばかりのサラリーマン。

犬と海を散歩するだけでもアメリカンドリームだったそうなので（笑）、本を書くことも、学校での講演も、広い家も、夢のまた夢です。実際にやれることとしたら、横須賀に引っ越し、海が見える（小さな）部屋に住むということだけでした。

でもそれを彼は実行したのです。

そのあとは本の執筆です。とはいえ、出版社からの依頼はないし、いきなり本を書けるわけがありません。そこで、小冊子を作り、ホームページで紹介しました。すると、それを見てくれた学校の先生から講演の依頼があり、ひとつ夢が実現。そうこうするうちに、たまたま出席したセミナーで僕と出会い、『ココロの教科書』という本を一緒に書くことになりました。

そしていまや、人気心理療法家として、ほんとうに広い家で犬と一緒に過ごしているスズキケンジさん。ミラクル・クエスチョンを実行して、わずか1年10ヵ月後に、見事夢が叶ってしまったんです。

想像した夢にワクワクできたら、それが心のジェットエンジンになります。あとは、意志を持ってそうなると決めて、もうそうなったつもりで、どんな小さな一歩でもいいから踏み出し続ければいい。すると、夢って、案外あっさり叶うんです。

なりたい自分が、ほんとうの自分だよ。

では、あなたもミラクル・クエスチョンをやってみよう。

出典『ココロの教科書』ひすいこたろう＋スズキケンジ（大和書房）

1　奇跡が起こったことに、あなたはどんなことで気づくでしょう？

2　奇跡が起きたとき、あなたは、いつもとは違う、どんな行動をとっているでしょう？

3　あなたのご家族や仕事仲間たちは、あなたにどんなふうに接してくれるでしょう？

4　奇跡の１日は、ふだんの１日と比べて、どんなふうに違っていますか？

5　１〜４の中で、いまのあなたにムリなくできることはどれですか？

いつもん 9

あなたは、なにによって憶《おぼ》えられたいですか？

「あ、いま流れ星が流れた！」

こんなふうに、流れ星はいつだって突然出現します。「流れ星に願い事をいうと叶う」といわれてますが、さて、この瞬間を逃さず、あなたは願い事をいえましたか？

流れ星に願い事をいうと叶う。そういわれているのには、ちゃんと理屈があるんです。流れ星が現れるその一瞬の間に願い事をいえるということは、何を叶えたいかが明確になっているということ。どこに行きたいかがわかっている人は、必ず目的地にたどり着けます。

江戸時代は、江戸から京都まで歩いて移動していました。標識なんか、今ほどなかったはずですが、方向がわかればいつかたどり着けるんです（ちなみに江戸時代の旅人は、江戸から京都まで歩いて14日ほどでたどり着いたそう）。

人生も一緒です。あなたが行きたい方向がわかれば、いつかたどり着けるのです。

心からそこへ行きたいと望むところ、それこそ心の北極星です。

「いちばん大事なものに　いちばん大事な命をかける」。

これは相田みつをさんの言葉ですが、一番大事なものがわかってこそ、そこに向かえる。そこに命をかけることができるんです。

逆をいえば、命とは時間のことですから、いままでなにに一番時間をかけてきたのかを見つめ直せば、あなたが無意識に大事にしてきたことを見い出すことができます。

僕の例でいうならば、もともとの性格が暗かったこともあり、どのような考え方、ものの見方をすれば、明るく楽しく生きられるのだろうかという探索（研究？）に時間を多く費やしてきました。

また、僕は、営業、そしてコピーライターの仕事をしてきたので、「伝えること」

「書くこと」に多くの時間を費やしています。

つまり、僕は、「ものの見方を学ぶこと」と、「伝えること」に多くの時間をかけてきたわけです（命は時間ですから、そこに命をかけてきたわけです）。

これまで費やしてきた時間を振り返ることで、見い出される僕の強みは……、「ものの見方を学ぶこと」×「伝えること」＝「ものの見方を伝えること」。

そして、これこそ心の北極星、僕が一生かけて向かいたい方角です。

経営の神様と呼ばれた経営学者ドラッカーもいっています。

「なにによって憶えられたいのかを問い続けろ」

僕の場合でいうなら、「こんな考え方をするとラクになるよ」って、あなたの心に革命を起こした人として憶えられたい。

何によって憶えられたいのか、それこそあなたが一番大事にしたいもののはずです。

それが明確になったとき、あなたの命の使い道が明確になります。

あなたが時間をかけてきたことはなんですか？

そこから見い出される、あなたの強みはなんでしょう？

あなたはなにによって憶えられたいですか？

いつもん10 自分のお墓に言葉を刻むとしたら、なんて入れる？

"Here lies a man who was able to surround himself with men far cleverer than himself."

（自分より優れた人々を集めるすべを知っていた男ここに眠る）

これは、鉄鋼王アンドリュー・カーネギーの墓碑銘です。

墓碑銘とは、お墓に刻まれる言葉。西洋ではよくあるのですが、自分はどういう人生を生きたのか、自分が人生において大切にしてきたことを、お墓に刻むのです。

『赤と黒』で有名な作家のスタンダールなら、「生きた書いた愛した」です。

墓碑銘を書くには、自分が人生で一番大事にしたいものがなにかが明確になっていないと書けません。そこで一番大切にしたいこと、向かいたい方向を「しつもん9」で探っていただいたわけですが、ここではさらにそれを深めるワークをしてみましょう。

早速ですが、あなたが「こんなふうになりたいな」とマネしたい人、憧れている人、尊敬している人を、次のページにご記入ください。

友人や上司、家族、師匠など、あなたが実際に知っている人から5人を、歴史上の人物や有名人から5名を、計10名あげてみましょう。

※書き上げる前に、94Pを読んでしまうとワークの効果が弱まるので、必ずすべて記入してからページをひらいてくださいね。

実際に知っている人で、「こんなふうになりたいな」と憧れている人を５人あげましょう。

１人目

２人目

３人目

４人目

５人目

歴史上の人物や有名人から５人あげましょう。

６人目

７人目

８人目

９人目

１０人目

では、僕のあげた10人の例で説明しましょう。
「ステキだなー。こんなふうになりたいなー」と思った人は、それこそたくさんいるのですが、ひとまず出会った順に5人をあげてみますね。

1人目　西きょうじさん（ものの見方を教えてくれた代ゼミの先生）
2人目　衛藤信之さん（心理学の先生）
3人目　小林正観さん（心理学博士）
4人目　みさきよしのさん（カウンセラー・写真家）
5人目　のぶみさん（絵本作家）

「かっこいいなー」と思える歴史上の人物や有名人、5人は……、
6人目　坂本龍馬（革命家）
7人目　高杉晋作（革命家）
8人目　老子（哲学者）
9人目　宮下貴裕（デザイナー）
10人目　スティーブ・ジョブズ（アップル創業者）

次に、ここにあがった人たちのキーワードや共通点をあげていきます（共通点はすべてに共通しなくてもＯＫです）。

僕の例でいうなら、「ものの見方を伝える人（心の世界を伝える人）」「革命を起こした人」「ものづくりをしている人」という要素が浮き上がります。

つまり、僕は、「心の世界の、新しいものの見方」を、本という作品（ものづくり）を通して伝えたいわけです。

そしてあなたの心に革命を起こしたいのです。僕は、そこに、命を使いたいんだということがわかります。

実は、あなたの尊敬する人、憧れている人から浮上する要素、キーワード、共通点の中に、あなたのやりたいことの「方向性」（ワクワクの種）が隠れています。

かつて僕は、先ほどの例にあげた西きょうじ先生に憧れて、学校の先生を目指していたことがあります。結果的に、学校の先生になることはできなかったので挫折といえば挫折です。でも、形は変われども、「新しい視点を伝える」という物書きとして、いま行きたかった方向で仕事ができています。行きたい方向さえわかっていれば、そこに行くための手段は、いくらでもあるんです。

「努力する者は、それを楽しんでいる者には勝てない」という言葉があります。

努力というのは、ムリにしていることなので、いつか力つきます。でも、楽しむことができたら力つきることはありません。

なぜなら、楽しいんですから。楽しめれば、いつか必ずそこから才能が芽吹いてきます。

楽しめる。

実は、それこそが一番の才能なんです。

このワークで、浮き上がってきた「方向性」をあなたは楽しむことができるはずです。「憧れる」とは、「楽しめる」ということですから。つまり、それに関して、あなたはすばらしい素質を持っているわけです。

だから、いまの仕事が好きではないとしても、このワークで見い出した自分の進みたい「方向性」を加えれば、たとえ嫌いなことでも「大好き」に変えられます。

僕の社会人デビューは、営業マンでした。

赤面症で、人見知りだった僕がひょんなことから営業マンになってしまったのですが、僕のしどろもどろな説明に、寝てしまったお客さんもいるなど、ショックの連続でした。当然、最初はまったく売れません。

そこで、書いて伝える道を見い出しました。売りたい商品をA４用紙１枚にまとめて、企業にFAXしていく作戦に出たのです。

このときに、商品広告だけではなく、いろいろなものの見方などをコラムとして書き出したら、そのコラムに人気が出て、商品も売れるようになり、結果、ナンバー１営業マンになれちゃったんです！

やりたくなかった営業という仕事に、コラムという形で、「新しいものの見方を伝える」という僕の向かいたい「方向性」（ワクワクの種）を加えたら、仕事が楽しくなり、結果も出るようになったのです。


嫌いなものでも、そこに「ワクワクの種」を植えたら、大好きなものに変えられます。

キミの向かいたい方向性こそ、キャンドルの光なのです。どんなに小さな光でも、明かりを灯せば、そこはもう、元の闇ではありません。

では、自分の人生を、お墓に刻むとしたら、なんて書くでしょうか？

僕ならこんな感じ。

「コロンブスは、アメリカ大陸を発見したが、ひすいこたろうは、ココロの新大陸を発見した。新しいものの見方を発見し、1億人の心に明かりを灯しまくった革命児《ナイスガイ》、ここに眠る（笑）」。

「一番大事なものはなにか？」「あなたの向かいたい方向はどこか？」

それらをもとに、次のページを使ってあなたの墓碑銘を作ってみよう。

おまけ。

あるアメリカ人の墓碑銘。

「隣の墓の人、実は生きているって知ってた？」

ずいぶんおちゃめな人だったようですね（笑）。

ここにあなたの墓碑銘を刻もう

いつもん
11

あなたの死亡記事が出ます。なんて書かれたい？

では今度は、自分の死亡記事を書いてみよう。

「こんなふうに終われたら、最高♪」という自分の死亡記事を、ワクワクとでっちあげるのです（笑）。

どんなふうに生きられたら、テンションが上がるのか考え、それを自分の死亡記事として書き込んでください。

では、ここで僕の例をあげておきましょう。

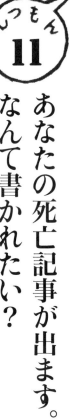

日本の宝・ひすいこたろう氏大往生！

作家のひすいこたろう、武道館で1万人のファンに講演後、控え室で静かに息を引き取る。享年99歳（ちなみに武道館講演のステージ衣装は、ひすい氏が大好きだったデザイナーの宮下貴裕氏が担当）。

２００５年『3秒でハッピーになる名言セラピー』でディスカヴァーメッセージブック大賞特別賞を受賞しデビュー。その後も、『いつも心はミシシッピ・アフタヌーン』『マジカルワンちゃん』など多数のベストセラーを生む。心をときめかせる、新しいものの見方を伝え、日本の幸福度指数を1位に引き上げ、世界のニッポンブームの火付け役となった。

ひすいこたろう作詞による森源太の『ただいま』は、ポカリスエットのCM曲にも採用され、日本レコード大賞を受賞。TOKYO FMの「名言ラジオセラピー」も国民的ラジオ番組に成長し、女性誌「an・an」の連載『ボクコタロウ』も50年続いた。

「日本を今一度、洗濯いたし申し候」とは坂本龍馬の言葉だが、まさに、ひすいこたろうは、ニッポン人の心の洗濯をやり遂げた新時代の草食系・

革命家であった。映画界や音楽業界でも、ひすいこたろうの影響を受けたひすいチルドレンは多数。

死亡の知らせを受けた韓国の俳優チャン・グンソクは、「ひすいさんの本を原書で読みたくて僕は日本語を覚えた。ひすいさんこそ、世界の希望だった」と膝を崩して号泣。ちなみに、ひすいこたろう、人生ラストジョークは「ジャイアン、死んじゃいやん」だったという。

あなたも、「こんな夢が叶ったらテンション上がるなー」というものを勝手にでっちあげて、死亡記事を書いてみましょう（笑）。

実際のところは、僕のほんとうにやり遂げたいことって、ひとつなんです。

「心のときめかせ方を伝えて、みんなの心に明かりを灯したい」。

これだけです。

あなたの心をワクワクときめかせたい。あなたの心に革命を起こしたい。

僕の一番やりたいことは、それだけです。

死亡記事は、このように核心をひとつ織り交ぜて（墓碑銘で書いたこと）、あとは遊び感覚で、「こうなったら、うれしい、テンションが上がる」ということを具体的にドンドン書いてみましょう。

感情がワクワクしたら、未来のワクワクを引き寄せます。

感情に火がついたら、人は行動します。

書くのは、タダです。書いたことで、誰かがその夢を応援してくれるかもしれませんから。

また、「こうなったらうれしい」という夢と実際の事実を織り交ぜて書くのがポイント。事実が混じっていると、脳は、夢も事実と勘違いしてくれるからです（笑）。

やってみたいことは、やってみたいんだ。
やってみたいことは、やってみるんだ。

そう宣言しよう。

だって、だって、一度きりの人生です。


では、ここで、冒頭の質問です。

「あなたの死亡記事が出るとしたら、どんなふうに書かれたい？」

そのヒントをつかんでいただくために、ここで最後に怒濤の質問をあなたに投げかけましょう。

・あなたがお金を払ってでも、やりたいことはなに？
・絶対成功するとわかっていたら、なにをする？
・なんとなくあきらめてしまっていたことはなに？
・ほんとはやりたいんだけど、やるのが怖いことは？
・ここに書いたことが全部叶うとしたらなんと書く？

どう？ これで書けそう？（笑）

では、次のページの死亡記事欄に書き込んでみよう。
ポイントは、ワクワク遊び気分で！

※次ページの死亡記事欄は、書き込む前に友だちの分もコピーしておこう。Ａ３用紙に拡大すると、より書きやすいかもしれません。詳細は次の項目で。

×日　△曜日
号外
○月×日
△曜日
日本の宝
死去
27の質問
200 突破!
あした死ぬかもよ?

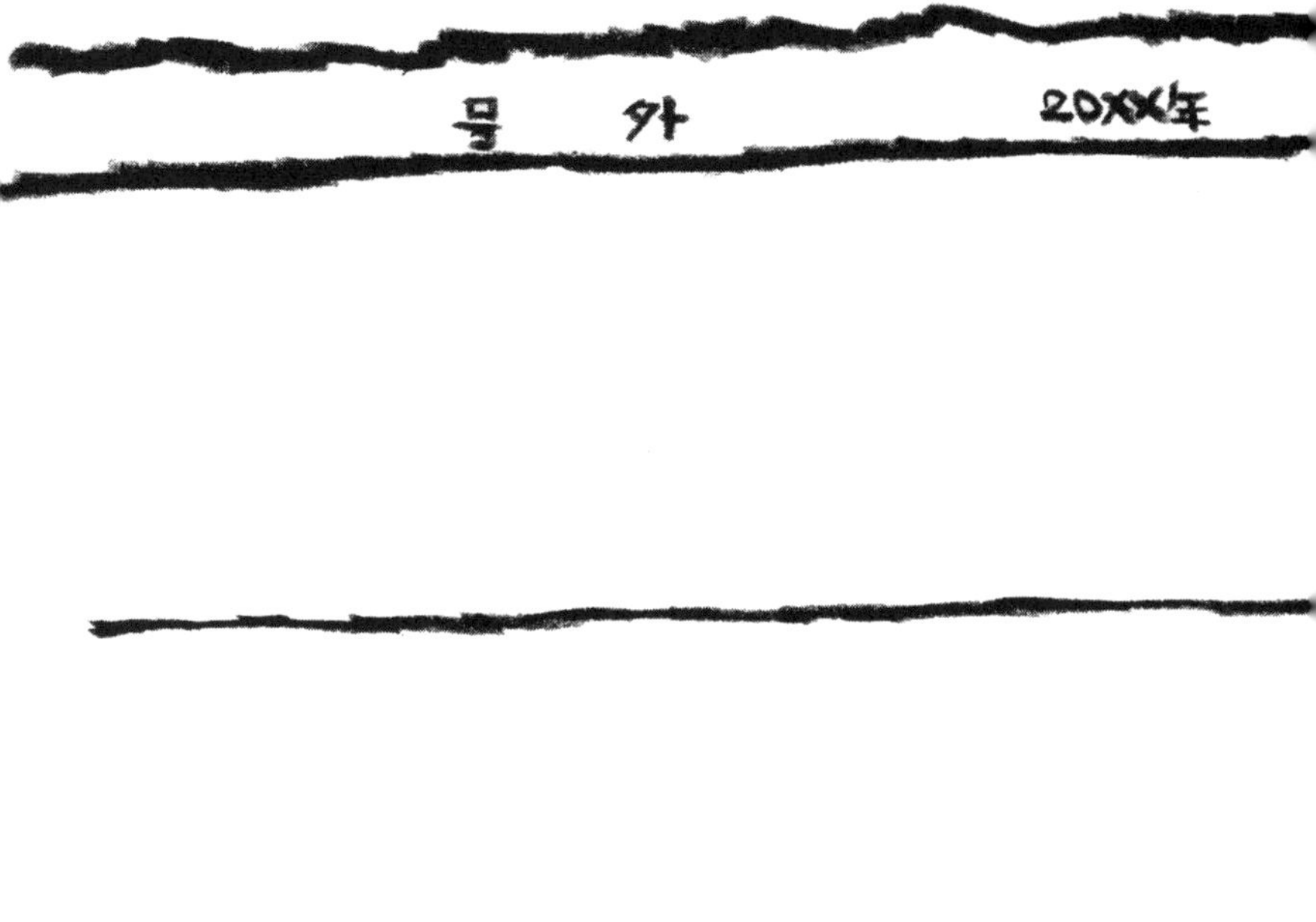
号 外
20XX年

しつもん12

あなたの大切な友だちが、どんな夢を持っているか、知っていますか？

名づけて、「生前葬ライブ」。

生きているのに、自分のお葬式をした友だちがいます。

ライブハウスを借り切って、ちゃんとお葬式を演出したのです。


まずは参列者のご焼香から始まります。参列者も一言ずつメッセージを伝えていきます。ご焼香が終わると、棺桶が出てきます。そしてジャジャ―――――ン♪

棺桶から、（死んだはずの）友だちが、

「みんな来てくれてありがとう！　大切なみんなだからこそ、お葬式じゃなくて、生きている間にお礼を伝えたかったの。サンキュー！！！！」

と、ＡＫＢの格好で棺桶から出てきて、モノマネで歌い出すという爆笑の演出でした。

そのあとは参列者によるカラオケ大会です。

「こういう生前葬っていいな」と思いました。

大切な人に、改めて、「ありがとう」と伝える場。

死んでからでは、伝えられませんからね。

むしろ、死んでから伝えると、お化けですから怖がられるだけです（笑）。


その生前葬に一緒に参加した友だちは、後にこんな感想をいっていました。

「まだ30代だし、『死』なんて考えたことがなかったけど、生前葬ライブの準備で弔電を考えているとき、ふと思った。

『私、こんなふうに思われたいんだ。こんなふうに生きたいんだ』って。

そのときに、『え？　じゃあ私まだなんにもやっていない』と気づいた。

その頃から、人生で迷いが生じたときに、『人生のエンドロールが流れるとき、これはいる？　いらない？』と思うようになって。それからは、結果を気にせず、やりたいことにチャレンジできるようになった」


さて、僕からの提案。

死ぬ前に、「出会ってくれてありがとう」と感謝を伝えたい仲間を居酒屋に誘いましょう。そして、居酒屋でいうのです。

「今日はわたしの生前葬。
大好きな友だちだけに来てもらってま〜す。
生きている間に伝えたかったから。
出会ってくれてありがとう!!」

そして、ここで、「これが私の死亡記事です」と、106Pの死亡記事欄を見せて、みんなで死亡記事の書き合いっこをしてみてほしいんです（106Pの死亡記事欄は、友だちの分までコピーしておこう）。

すると、あなたの大切な友だちの意外な夢を知ることができますから、友だちの夢を応援することができるようになります。

題して、「みんなで夢を分かち合うご臨終セラピー」@居酒屋（笑）。

夢を分かち合うことで、みんなの夢があなたの夢になる。

同時に、あなたの夢もみんなの夢になります。

すると、お互いの夢が響き合い、加速していきます。

「しあわせ」の語源は「為し合わせ」。お互いに為し合うことから幸せは始まるのです。

自動車のHONDAの創業者・本田宗一郎は、晩年にいいました。

「人生最高の財産は、名誉でもなく、お金でもなく、良き友だった」と。

一緒に夢に向かうこの仲間こそ、あなたの人生最高の財産です。

「ひとりで見る夢は夢でしかない。しかし誰かと見る夢は現実だ」

byオノヨーコ

YOUとMEで、夢は叶うんです。

これがほんとうの、YOU（ゆ）+ME（め）＝「夢」です。

ぜひ、大好きな仲間と居酒屋で、「夢を分かち合うご臨終セラピー」をひらいてくださいね。

あなたの大好きな人の夢をみんなで分かち合おう。

いつもん13

「いつかやる」。あなたの「いつか」はいつですか？

江戸時代の平均寿命を調べてみました。38歳前後でした。

続いて縄文人の平均寿命も調べてみました。なんと14・6歳だそうです。当時は、乳幼児死亡率がとても高かったので、このような年齢になるわけですが、それをさしひいても、縄文人は平均31歳ぐらいの寿命だったそうです。いまは31歳で亡くなったら、早死で不幸だといわれます。だとするなら、縄文人はみな不幸だったということになります。

さらにいうなら、セミの寿命は地上に出てから1週間程度です。

この世界のただひとつの真実は、「生まれたら死ぬ」ということです。

だから、死が不幸ではない。

生きていることが奇跡なんです。

生きている今日という1日が奇跡なのです。


もし、死がなければ、今日やるべきことはすべて明日にまわされることでしょう。

そして、明日になれば、またダラダラ明後日にまわされることでしょう。

すべては、いつかやるべきことになり、そのいつかは永遠に来ない。

Monday, Tuesday, Wednesday, Thursday, Friday, Saturday, Sunday……


どこを探しても、1週間の中に「Someday《いつか》」という日はないんです。

そこで、カミサマは、命を完全燃焼させるためのスイッチとして、「死」を発明したのです。命を最大限に輝かせるために「死」（締切日）を創造したのです。

夏休みの宿題が終わるのは、いつだって8月31日でしたよね？

締切がなければ、宿題もやりませんでしたよね？

「あらゆる仕事は締切直前に終わる」。そんな言葉があるくらいですから。


逆をいえば、締切日を自らもうけることで、夢を引き寄せることができます。

いつまでにやりたいか、夢に締め切り日をもうけるのです。

締切日は、適当に選ぶのではなく、ちゃんと感じて、自分がしっくりくる日を選ぶのがポイント。感じてみて、締切日にワクワクしないようなら、ムリに設定しなくていいです。


例えば、「アラスカにオーロラを見に行きたい」と漠然と思っていても、「いつか行ければいい」なんて思いのまま、10年、20年と過ぎていくのが普通の人生です。

そんな場合は、カレンダーに、先に予定を書き込んじゃえばいいんです。カレンダーに書き込みさえすれば、実現率は飛躍的にアップします。だって、あなたは今日の予定に書き込まれたことを、今日しますよね？

時間は「現在」→「未来」というふうに流れていくわけですが、未来を先取りすることで（そうなると決めることで）「未来」→「現在」へと時間の流れを逆にできるんです。

恋人がほしいなら、一緒にデートするためのディズニーランドのチケットを先に買っちゃえばいい。相手がいなくても。もし、それまでに恋人ができなかった場合はどうするかって？　「エア彼女」と一緒に行けばいいじゃない？（笑）

本を書きたいなら、依頼がなくても先に書いちゃえばいいじゃない？　僕も最初はそうやってデビューしましたから。

さて冒頭の質問です。

いつかやる。あなたの「いつか」はいつですか？

いつかやるの「いつか」を「今日」にした日、あなたの運命が変わります。

そして「いつまで」にやり遂げるか。

夢に締切日をもうけるのです。

あなたの夢をいつまでに達成したいですか？
夢に締切日をもうけよう。

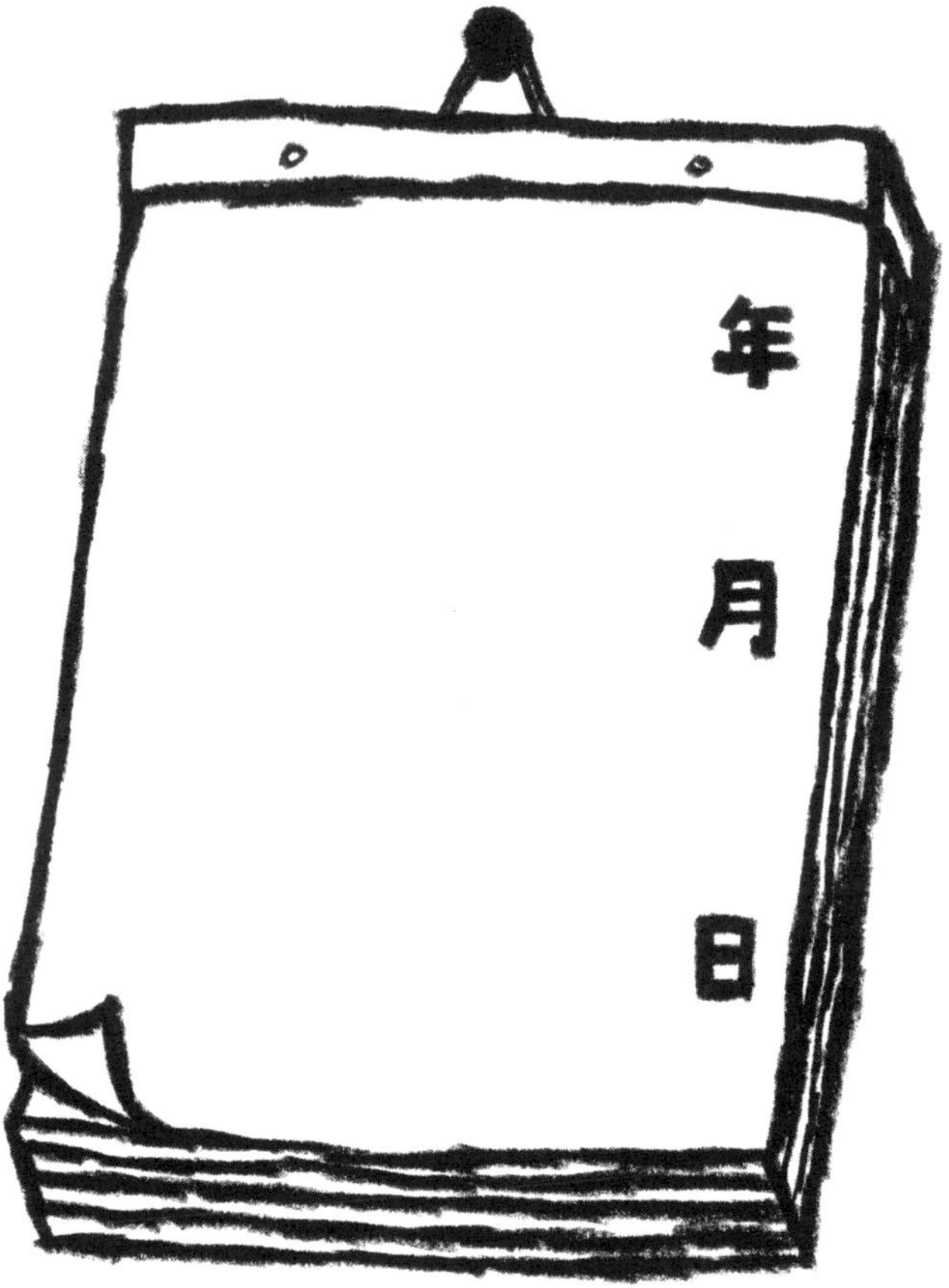

いつもと14
死ぬ前にやりたいことリスト10は？

死ぬ前に一度やってみたいこと。

「オーロラが出ている空の下、スキップしながら『キャッホー』って小声で叫んでみる」

なぜ小声なのか。恥ずかしいからです（笑）。


この夢は、この本を執筆中に、先に登場した写真家・丹葉暁弥さんと一緒に行ったチャーチルで実現しました。


「野生のシロクマを間近で観察し、恋に落ちそうなくらい見つめ合う」。

チャーチルで、こちらの夢も実現一歩手前までいったのですが、見つめ合うまでにはいたりませんでした。残念！（笑）

『最高の人生の見つけ方』という映画には、末期ガンになったおじいちゃんふたりが登場します。ふたりで、「ピラミッドを見に行く」など、死ぬまでにやりたいことをリストにして書き出し、ひとつずつ実現していくというストーリーです。

ここで、あなたも、「いつかやりたい」と思っていたもの、「死ぬ前にやりたいことリスト」を書き出してみよう。できるだけワクワクするものを書き出してくださいね。

ちなみに、鬱になった人は、トイレ掃除をするのがいいのだそうです。

一見関係ないように思えますが、意味のないようなことに一生懸命取り組むと、そんな自分を、次第に好きになれるからだそうです。

そういう意味では、バカみたいなことにホンキでチャレンジするのも、生きていることが楽しくなってくるからおすすめです。

僕がこれまでにしたバカバカしいチャレンジは……

・散歩が大好きな犬にとことんつき合う

（獅子座流星群の日、夜8時から朝方4時まで散歩しながら一緒に流れ星を見ました。最後には、犬はヘトヘトに（笑））

・粋なセリフがいえるように、1年間、毎日1本映画を見続ける、365日映画漬けキャンペーン

（あのときは友だちもいなくて、暇だからできました）

・1週間食費0《ゼロ》円（どこまで空腹に耐えられるか）に挑戦

（1週間、水だけで過ごす。1週間後に食べた普通のおかゆに、涙が出そうなくらい感動。僕が人生で食べた食事で一番おいしかったものになりました。ただ、断食はちゃんと専門家に習ってやらないと危険なので、マネしないでね）

・真冬の滝で兄弟並んで滝行をして兄弟の絆を深め合う

（全身しびれるような寒さでも、滝から出たあとって、裸でもめちゃめちゃ温かくてビックリ。石が頭上から落ちてきたら死ぬから、これもマネしないでね）

・3日間、仕事もせずひたすら歩き続ける

(タバコを禁煙するためにやりました。おかげで禁煙成功!)

・ラブレターを書いた数、世界一に挑戦

(文豪ゲーテがシャルロッテさんに書いたラブレターの数、1800本。それを超えようと、僕もラブレターを書くつもりで5年間毎日、ブログ、メールマガジンを書き続け、見事にゲーテ超えを果たす)

・電車(山手線)の中で、みんなが僕の本を読んでいるというイベントを決行

(いざやったら、なんか逆に恥ずかしかった~)

では、あなたも死ぬ前にやってみたいことリストを書き出そう。

バカバカしいキャンペーンや、笑えるものもその中にちょっと入れてみてね。

バカバカしいことをホンキで楽しむって、生きる醍醐味のひとつだし、なにより、

そんなおバカな自分が次第にいとおしくなってきます（笑）。

「まる子！　人様に笑われるような立派なバカになっておくれ！」

ｂｙ　ちびまる子ちゃんのおじいちゃん友蔵

実は人生では、なにをしているかって、そんなに重要じゃないんです。それよりも「ホンキでやってるかどうか」。そこが問われるのです。

「キミはホンキで生きてるか？」

ｂｙ　ゲーテ（『ファウスト』より）

死ぬ前にやりたいことリスト10は？

1

2

3

4

5

6

7

8

9

10

※10コめは死ぬほどバカらしいものにしよう！

第3章

ミッション（志）を生きる

いつもん
15

あなたが生きることで、幸せになる人はいますか？

Softbankの孫正義さんも、死と向き合うことで、自分を大きく変えた人のひとりです。

これは孫正義さんに、１９８３年に起きた出来事です。

創業時３人だった会社の社員も、その頃には１２５人に拡大し、売上高は45億円にまで成長していました。しかし、その矢先、20代半ばにして孫さんは突然の病に倒れるのです。病名は慢性肝炎。それも肝臓ガンへ進行する可能性の高い肝硬変寸前の状態。死亡リスクの高い重病です。

孫さんは、20代にして、「5年は（命が）もつかもしれないが、それ以上は……」と診断されてしまうのです。

入院当初、孫さんは、夜な夜な、病院でひとりメソメソ泣いていたのだそう。

「会社も始動したばかり。子どももまだ幼いのに、俺もこれで終わりか……」

こんなに勉強して、こんなに熱い気持ちで会社を起こしたのに、あとたった5年で俺の命は終わるのか……。なんのために仕事をしていたんだろう……。

俺の人生はいったいなんだったんだろう。

しかし、このとき、病院のベッドで、司馬遼太郎の『竜馬がゆく』と出会います。

幕末のヒーロー、坂本龍馬は28歳で脱藩し、33歳で暗殺されるまでの約5年間で日本を変えています。

「5年」と寿命を宣告され、病院で泣いた孫正義。

しかし！　しかし！　しかし！

5年で革命を起こした龍馬の人生を知り、「あと5年もあれば、相当大きなことができるのではないか」と思い直した。そして「たかが自分の命くらいでくよくよしてどないするんや。もっと大きく構えにゃいかん」と思うきっかけになったのです。

残りの命が5年だとしたら……。

家もいらん。車もいらん。物欲は全部なくなった。

では、ほんとうにほしいものはなんだ?

生まれたばかりの娘の笑顔が見たい。

それだけでいいか?

いや。家族みんなの笑顔が見たい。

それだけでいいか?

いや。社員の笑顔も見たい。

それだけでいいか?

いや。お客さんの笑顔も見たい。

そうだ。俺はみんなの笑顔を生み出すために残りの命を捧げよう。

死と向き合った闘病生活は、孫さんの人生の価値観を見つめ直す貴重な時間になったのです。

孫さんのおばあちゃんはいつもいっていました。

「人様のおかげだ。どんなに苦しいことがあっても、どんなにつらいことがあっても、誰かが助けてくれた。人様のおかげだ。だから絶対人を恨んだらいけない」

14歳のとき、韓国から日本に渡ってきたおばあちゃん。韓国籍で日本語もカタコト、知り合いもなく、おまけに戦争まで体験した。でも、「人様のおかげだ」、これが、苦労の連続だったはずのおばあちゃんの口ぐせでした。

死と向き合って、孫さんは、「大事なのはお金じゃないんだ」。そう気づいた。地位でも名誉でもないんだ。そう気づいた。

おばあちゃんがいっていたような、人に喜んでもらえること。そういう貢献ができたら幸せだ。入院してから、なおさらそう思ったそうです。

「なんのために生きるのか？」「なんのために働くのか？」。

目的が明確になったのです。

目的が定まったとき、人はブレなくなります。

そして、3年の間入退院を繰り返して迎えた1986年。なんと画期的な治療法が見つかり孫さんは見事に復活！　完全復帰を果たしたのです。

東日本大震災では、被災者支援のため、個人資産から100億円を寄付。平成23年から引退までの孫社長の報酬全額も、震災で両親を亡くした孤児の支援として寄付すると宣言。これから引退までの報酬全額を寄付するなんて、普通、できることではありません。

死はあなたに突きつけます。

「このまま死んだように生きていていいのか？」

死はあなたに突きつけます。

「おまえの一番大切にしたいことはなにか？なぜそれをやらない？」

死はあなたに突きつけます。

「自分だけよければいいのか？」

死はあなたに生きる「覚悟」を迫ります。

「覚悟」とは、「覚《さと》り」×「悟《さと》り」と、「さとり」を2つも重ねたすごい言葉です。

「なにがあっても、平然と生きる」と覚悟を決めること、それが悟りです。

生きる覚悟が決まったとき、人は死ぬ覚悟もできる。

人生において、これをやりきるんだという覚悟ができたとき、死ぬ覚悟もできるのです。

孫さんは、余命5年と宣告されて、この命を使って一番やりとげたいことは、名誉でも財産でもなく、大切な人の笑顔を生み出すことだという〝生きる目的〟に気づきました。

人は、最後の最後には、「人のためになることをやりたい」って、心の一番奥の思いが浮上するようです。

志とは、個人の願望を超えたみんなの喜びにつながる「使命（ミッション）を持つ」ということです。
「使命」とは、その「命」を誰かのために「使」うことです。

人間だけが持っている本能があります。
食欲、性欲、睡眠欲、これは動物も持っています。
では人間だけが持っている本能とは？
「喜ばれると、うれしい」だそうです。

では質問です。
最近、どんなことで人から感謝されましたか？「ありがとう」といわれましたか？
あなたのこれまでの人生は、人に喜ばれるような人生でしたか？
あなたが生きることで幸せになる人はいますか？

この質問、ちょっと耳が痛かったかもしれないけど、

ひとりでいいんです。

誰を笑顔にしたいですか？
誰を笑顔にしようと思ったら、あなたのハートに火がつきますか？
あなたができることで、どんな喜びを生み出せそうですか？

「これまで」はもういい。
大切なのは「これから」です。
Your Happy My Happy.
今日から、そこに向かって生きてみよう。

参考文献　『プレジデント』2011年3月7日号　『ソフトバンク　新30年ビジョン』ソフトバンク新30年ビジョン制作委員会（ソフトバンククリエイティブ）　『宇宙の意思』岸根卓郎（東洋経済新報社）　『心が折れそうなとき　キミを救う言葉』ひすいこたろう＋柴田エリー（ソフトバンク文庫）

最近、どんなことで人から「ありがとう」っていわれましたか？

これまでの人生は、人に喜ばれるような人生でしたか？

あなたが生きることで幸せになる人はいますか？

いつもん16

なんのために、この命を使いたい？

昭和20年、アメリカ軍はいよいよそこまで迫っていました。

沖縄海域に集めた戦艦は１５００隻以上。兵力はのべ54万８０００人。

一方、日本軍の守備隊は８万６０００人。

もし沖縄が落ちれば、本土九州は目と鼻の先。

ここは、なんとしてでも死守しなければいけない。沖縄が落ちれば、本土に乗り込まれる。

そんな事態になれば、北からは、ソビエト連邦（現ロシア）が攻め入り、朝鮮半島やドイツのように、日本も北と南に二分していた可能性も高かったのです。

そこで編み出された戦法が特攻。

体当たりによる自爆です。

飛行機1機の犠牲で、相手の航空母艦や戦艦を沈められるのです。

陸軍の特攻基地の中心になったのは、鹿児島県の知覧でした。


少年兵の訓練は過酷さを極めました。

「いいか貴様ら、航空兵はいつ死ぬかわからん。

いつ死ぬかわからんのなら、いつ死んでもいいようにしておかねばならん。

そのためには体を清潔にしておけよ。

死んだときに体が不潔だったり、下着が汚れていたら恥だぞ。

死んで恥をさらすようなことはするな。

毎日風呂に入り、毎日下着を洗うこと。わかったな」

襟裏が汚れてないか、抜き打ち検査もあった。シャツの襟が垢じみていれば、はり倒される。

若い子は、14歳で親元を離れて、この厳しい生活を始めます。

故郷に手紙を書きたくても検閲されているので弱音は吐けません。

そんな孤独な特攻隊の少年、青年たちを世話し、母のような存在をつとめたのが、軍の指定食堂、富屋食堂の店主・鳥濱トメさんです。

この鳥濱トメさんはもう亡くなっているのですが、トメさんのお孫さんである鳥濱明久さんが、語り部としてガイドについてくださり、僕は知覧をまわってきました。

特攻隊員たちは、アメリカ側に見つからないように森の中に点在する三角兵舎と呼ばれる宿舎で最後の1日を過ごします。形見を渡したくても、なにもないから、最後にふみしめた小石を手に取り、お世話をしてくれた人に渡し、飛び立っていった者。

「死んだら、ホタルになってここ（鳥濱トメさんの富屋食堂）に戻ってくるよ」といい残して飛び立っていった者。

自分の手持ちの本の、ある文字に○をつけてメッセージを残して飛び立った者。○で囲まれた文字をつなげると、「きょうこちゃん　さようなら　わたしは　あなたをあいしている」という文字に。片思いの幼なじみ、きょうこさんへのメッセージでした。

特攻隊で亡くなった若者の人数は4400人にものぼります。

いつか死ぬ身であるならば、いま最大の国難に立ち向かうことで、愛する人を守れるのではないかと、彼らは希望を描いたのです。

現場を案内していただきながら、鳥濱さんからいろいろな話を聞かせてもらいましたが、なかでも、少年飛行兵の教官、藤井一中尉のことが忘れられません。

教え子たちが次々に特攻隊として死んでいく。

しかし、教官の自分は安全な場所にいる。

「日本が大変なときに、オレは教えるだけでほんとうにいいのか」

藤井中尉の自問自答が始まるのです。

特攻に飛び立つ少年兵と違い、教官の藤井中尉には、妻も子どももいました。

自ら特攻志願をすれば、妻と子どもとは永遠のサヨナラです。

妻は特攻に行くのは大反対で、夫の志願を来る日も来る日も懸命に思いとどまらせようとしました。藤井中尉は悩んだ末、選んだ道は……教え子に対して、

「お前たちだけを死なせはしない」。

そう、命を投げ出す特攻の道でした。

しかし、面倒を見なければいけない家族が多い将校は、特攻には採用されないのが原則。志願は却下されました。それでも藤井中尉の決意は変わらず、嘆願書を再提出するのです。

夫の固い決意を知った妻の福子さん（当時24歳）は、

「私たちがいたのでは後顧の憂いになり、思う存分の活躍ができないでしょうから、一足先に逝って待っています」

という遺書を残し、3歳間近の長女・一子ちゃんと、生後4ヵ月の次女・千恵子ちゃんに晴れ着を着せて、厳寒の荒川に身を投げたのです。

妻子の死を知り、藤井中尉（当時29歳）は、今度は指を切って、血ぞめの嘆願書を提出。ついに特攻志願が受理されるのです。

藤井中尉の亡き我が子への遺書が残っています。

12月になり冷たい風が吹き荒れる日、荒川の河原の露と消えた命。
母とともに血の燃える父の意志にそって一足先に父に殉じた、哀れにも悲しい、
しかも笑っているように喜んで母と共に消え去った幼い命がいとうしい。

父も近くおまえ達の後を追って逝けることだろう。必ず今度は父の暖かい胸で抱っこしてねんねしようね。それまで泣かずに待っていてね。千恵子ちゃんが泣いたらよくお守りしなさい。ではしばらく、さよなら。

戦後、空母で銃撃を担当していたアメリカ兵の方が富屋食堂を訪ねてきて、次のように証言したそうです。

次々と、アメリカの飛行機を爆撃していく日本の飛行機があった。「これはまずい」と、そのアメリカ兵は必死の攻防の末、なんとかその飛行機を撃ち落としました。しかし、飛行機は、墜落する水面すれすれの状態で急旋回して、アメリカの空母目がけて横から攻撃してきたというのです。

「なんという執念」と、そのアメリカ兵の記憶に残っていたのだとか。

その飛行機に乗っていたのは2人組だったそう。

その日、2人組で出撃したものを調べてみると、それは……藤井中尉でした。

特攻隊の飛行機が飛び立っていった滑走路に僕は立ってみました。

知覧から沖縄まで約2時間。あと2時間後に死ぬ。

そう覚悟を決めた者たちが飛び立っていく滑走路。
特攻機の飛んでいく先には、富士山のような形の山があります。開聞岳《かいもんだけ》です。
特攻隊員の誰もが、この山の姿を、「これが最後の見納め」と思い飛んでいきます。
僕が行ったその日は曇っていましたが、富士山に似た山の形はきれいに見えました。

ピアノが上手で、すらりと背の高い、物静かな奥様だったそう。
そして、2人のかわいいざかりの子どもたちと別れて、自ら特攻に志願した藤井中尉には、この開聞岳はどう映ったのでしょう。

あなたは、なんのために
その命を投げ出したのですか？

あなたは特攻に行かなくていい地位にいたのに……。
あなたは、なんのためにその命を自ら投げ出したのですか？

なんのために？
なんのために？
ひょっとしたら、未来の日本人のため、僕らのためだったのですか？

あなたは、なんのために、この命を使いたいですか？
あなたは、なんのために生きていますか？
あなたは、なんのために働いていますか？

なんのために？
なんのために？

参考文献『ホタル帰る』赤羽礼子　石井宏（草思社文庫）
『陸軍特別攻撃隊の真実　只一筋に征く』（ザメディアジョン）

あなたは、なんのために、この命を使いたい？

あなたは、なんのために働いてますか？

いつもん17

おじいちゃん、おばあちゃんの名前をちゃんといえますか？

彼は不運の連続の人生を歩んでいました。

童謡『十五夜お月さん』『七つの子』『赤い靴』『青い眼の人形』などの代表作を持つ、童謡界の三大詩人と謳われた野口雨情《うじょう》です。

雨情は茨城から東京に出てくるものの、大学を中退。そして、父の事業失敗と死により故郷に帰り家督を継ぎます。家を守るために、資産家の娘との政略結婚をおぜん立てさせられ、やむなく結婚。この頃から、詩作に打ち込みはじめるものの反響はなし。

その後、事業を立ち上げますが失敗。夜逃げのようなかたちで小樽に行き、小さな新聞社に勤めます。しかし上司とうまくなじめず、新聞社も辞めてしまいます。

このように、何もかもうまくいかない。
そんななか、子どもが生まれるのですが、1週間ほどで亡くなってしまうのです。
雨情は、酒に浸る日々を送ります。
一方、雨情の詩人仲間はどんどん活躍していきました。
雨情は自分のことをこう語っています。
「私は旅人である。苦痛の旅人である」

ある日、1週間で亡くなった娘さんが雨情の夢に現れ、瞳に涙をいっぱい浮かべて泣いていたといいます。わずか1週間しか生きることができなかった娘。
「自分の人生にすら挑戦できなかった娘。それに比べたら自分はどうだ。父と母から健康な体をいただき、すでに二十数年の人生を送っていながら、自ら人生を諦め、酒に逃げていた！『何とか、立ち直らなきゃ』」

この決意とともに立ち上がった野口雨情。
その後、彼がつくる童謡は、次第に人々に知られるようになるのです。

「シャボン玉」

シャボン玉飛んだ
屋根まで飛んだ
屋根まで飛んで
こわれて消えた

シャボン玉消えた
飛ばずに消えた
産まれてすぐに
こわれて消えた
風、風、吹くな
シャボン玉飛ばそ

これは、はかなく亡くなった娘さんの命をシャボン玉に置き換えてつくられた詩だともいわれています。

わずか1週間しか生きることができなかった子ども。

自分の人生に挑戦すらできなかった子ども。

このとき、雨情は、はっきり痛感するのです。

命のはかりしれない価値を。

あなたは、わかっていますか？ あなたの命のほんとうの価値を。

あなたの命の前には、お父さん、お母さんの命があります。

そのお父さん、お母さんにもそれぞれお父さん、お母さんがいます。

9世代さかのぼるだけで、あなたのご先祖は1022人にものぼります。

2000年前までさかのぼれば100兆人です。

100兆、200兆、300兆以上ものカップルが、命をバトンするまではハートブレイクを迎えることもなく、亡くなることもなかったからこそ、いまのあなたの命があります。

宇宙のビックバンから脈々と受け継がれてきた奇跡のリレーの、最先端を担っているのがあなたの命です。


「ありがとう」は、なんで「有り難う」って書くか、知っていますか？

めったに起こらないこと、『有』ることが『難』しい」ことが起きたときに、「有り難し」といったのです。それが「有り難う」の由来です。


そうです。

もっとも有り得ない(有り難し)ものこそ、あなたの命なのです。

さて、その有り難い命、いったいなにに使う？


ここで冒頭の問いです。

あなたは、すべてのご先祖さまたちの思いの結晶です。

そのことをしっかりイメージしてもらうためにも、次のページにあなたのお父さん、お母さん、そしておじいちゃん、おばあちゃん、さらにひいおじいちゃん、ひいおばあちゃんと、さかのぼれるだけ調べてあなたの家系図を完成させてください。

名前を知らないということは、その存在を全く意識していないということです。

家系図を見ると、あなたの命のルーツ（流れ）の重みが直感的に実感できるようになりますから、ぜひご記入ください。

あなたの命こそ、先祖たちのロマンの結晶です。

参考文献『佐藤一斎「言志四録」を読む』神渡良平（致知出版社）
『野口雨情』（日本図書センター）

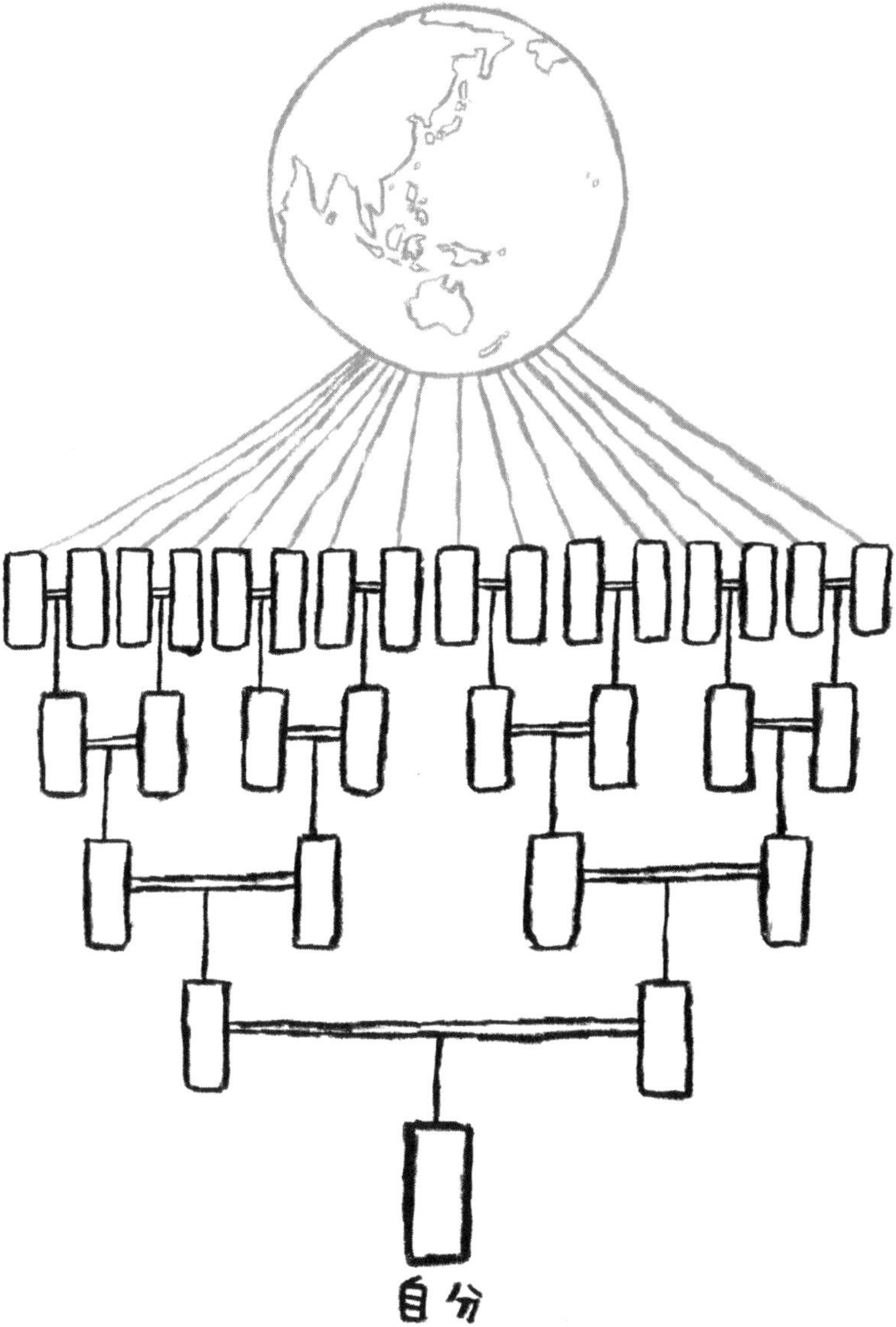
自分

いつもん18

あなたでないとできないことって、どんなことですか？

「命（魂）のエネルギーがはかれるのでは？」

そんな研究をした方がいます。東京大学物性研究所などで研究された川田薫理学博士です。

川田博士が行ったラットでの実験で、ラットは死後、約1万分の1、体重が減るケースが多いということがわかってきました。この減った分が、命の質量ではないかと。

川田博士がユニークなのは、これをモノでも試したことです。

モノの重さを量り、そしてそのモノをすべて部品に分解し、各部分の重さをはかり合計します。例えば、「商品A」と、「商品Aを分解した全部品「a＋b＋c」（分解しているので、いわば商品Aが死んだ状態です）。本来、分解しても、全部品の重さを足せば、必ず商品Aの重さに戻るはずです。

ところが、精密な測定器でこれらを測ると違いました。

これまたラットの実験と同じように、分解すると、1万分の1重さが減るのです。


商品Aと、分解したものの違いはなんでしょう?

違いは、「役割」だけです。

わかりやすい例で、目覚まし時計で説明しましょう。

そもそも目覚まし時計は、「目覚めたいときに、ちゃんと起きられるように」という思いを込めて作られています。目覚まし時計を分解してしまうと、この「役割」が消えます。「役割」という、この思いの分の重さが、1万分の1といえるわけです。

川田博士は次のようにいっています。

「なぜそうなるかというと、これは人間の思いのエネルギーですよね。『これがあるとみんな便利になってくれるな。みんな喜んでくれるな』なんて思って作る。その思いの分だけ、重さが重いんだろうと思います」

グラスは、「水をためるように」という人の思いが、ノートは「メッセージを残せるように」という思いが形になったものです。

思いは役割になり、そこに命（魂）が宿るのではないでしょうか。

この結果が出たとき、川田博士は、「これはすごいことだ！」と興奮して学会に論文も提出しました。ところが、このことを１２００年も前からいっていた人がいることに川田博士は気がつきます。


それは、空海です。空海は次のようにいっています。

「自然界のすべての成り立ちは五大からなっていて、そこに識大が入る」

五大とは、「地・水・火・風・空」。

そして「識」は「意識」。人間の思い、あるいは宇宙の思い、自然の思いです。「すべての存在物には、人間や自然界の意識と呼べるものが入って、それで成り立っている。これを六大という」と空海は『即身成仏義』で書いています。

役割（思い）を持ったときに、魂が宿る（命のエネルギーが入る）。

時刻を知らせ、人を起こすというのが、目覚まし時計の役割。

では、人間の役割はなんでしょうか？

今日、あなたが、落ち込んでいた友だちを励ましたとしたら、「友だちを励ます」

という役割が加わったことになります。もし、あなたが、仕事でお客さまの喜びを生み出したら、「お客さまに役立つ」という役割が加わり、あなたの中に命のエネルギーが加わったことになります。

そうです。人のミッション（役割）は、モノと違って、あなた次第で、自由自在に好きなだけ生み出せるのです。

あなたの命の可能性は、あなた次第で無限大に広がるのです。

さあ、この命、どう生かしますか？

あなたの子どもに優しくする、夫に優しくする、今日出会う人を励ます、それだって、立派な「あなたにしかできないこと」です。

あなたでないとできないことって、どんなことですか？

ここに書き出してみよう。

参考文献『いのちのエネルギー』川田薫（新日本文芸協会）

あなたでないとできないことって、どんなことですか？

いつもん 19

死後、あなたは、誰の記憶に残るだろう？

僕がタップダンスに通い始めたきっかけは、北野武監督の映画『座頭市』でした。この映画を見てラストのタップシーンに感動した僕は、「感」じたら「動」こう、そう勇気を振り絞ってタップダンススクールのドアを叩いたのです。

もともと音痴で、リズム感のない僕がタップダンスの門を叩く。ドキドキでした。僕が通ったところは、プロを目指すような人ではなく、会社員や主婦の方が趣味で通うような教室です。

しかし、それでも僕はついていけず、1年習っても上達せず、いつも僕だけひとりぽつんと、みんなの後ろのほうで別メニューを練習していました。それが悔しくて週

1のレッスンを週2に増やした時期もあります。それでも、僕はついていけなかったんです。3年続け4年続け5年続け……。それでも、新しく入って3ヵ月の人がすぐに僕を追い越し、また僕だけうしろでぽつんと別メニューの練習になったときは、トイレに行くふりをし、トイレの中で悔しくて泣いてました。

「なんで僕はタップダンスがうまくならないのか」と、心理カウンセラーに相談に行ったこともあります。相談内容間違ってますよね？（笑）

タップダンス、結局僕は挫折し、やめてしまいました。

人生を振り返ったときに、「あの日が運命を分ける日だったな」ということがあります。

例えば、徳川家康にとって、西暦1600年10月21日、天下分け目の関が原の戦いがそうであるように。

その日、僕はあるセミナーに参加していました。会場に着いた僕は、カバンを席に置いて、場所をキープし、トイレに行きました。トイレから戻ってくると、僕の隣には女性が座っていました。その女性に声をかけられました。

「わたし、今度、心理学博士の小林正観さんの合宿を主催するんですけど、よければ来ませんか？」

聞いてみると、5日間泊りこみで、ものの見方を学ぶ「見方道合宿」というではありませんか。普通の会社員が平日5日間も休むなんて、ほぼ不可能です。

「おすすめですよ」とその女性はいいました。

「は〜そうでしょうね」（とはいえ会社員は5日間も平日休めませんって↑ひすい心の声）

「もうほんとに合宿はおすすめなんです」

「は〜そうでしょうね」（だから休めないんですって↑ひすい心の声）

「わたしはこの合宿を受けて、ものの見方が一変しました。だから、ほんとうにおすすめで」

僕は、この方の「来たほうがいいビーム」に押されに押され、なんとか仕事を調整して、結局、合宿に参加することになったんです。参加してみると、まさにその方がいうとおりでした。

この5日間が僕を大きく変えてくれました。

小林正観さんの見方道合宿、もう、いまは受けたくても受けられません。

100億円払っても受けられません。

2011年10月12日、正観さんが亡くなられたからです。

合宿後、主催していたその女性がいっていました。

「あの日のセミナー会場。入るなり、あなたの大きなカバンが目にバーンと飛び込んできたんです。だから、その隣に座ろうと思って」

当時、僕はどでかいカバンを持っていました。

タップダンスのシューズと着替えがすっぽり入るように……。

あの5日間に導いてくれたのは、あんなにがんばったけれど報われなかったタップダンスのおかげでした。

人生って、どこでつながるかわからないおもしろさがある。そして、人生って、どこかが欠けても完成しない1枚の絵なんです。

今日がどんな日であろうと、どんなにつらい日であろうと、たとえ、キミが悔しくてトイレで涙を流していたとしても、今日という1日は、美しい絵に欠かすことのできないパズルのワンピースなんです。

かつての僕は、何者かにならなければ幸せになれないと思ってました。でも、正観さんはこう教えてくれました。

「淡々と過ぎていく普通の毎日が幸せの本質です」

目が見えないカップルの方々は、ずっと相手の顔を触っているのだそうです。「相手の顔を1秒でもいいから見たい」というのが彼らの夢なんです。小児ガンの病棟にいる子どもたちの夢は、「お父さんとお母さんとラーメン屋に行きたい」「家に帰りたい」「大人になりたい」というものです。

見えること、聞こえること、話せること、歩けること、友だちがいること、今日ごはんが食べられること、家に帰れること……。

もう、いま、すでに幸せに囲まれていたんです。

僕らはいま、夢のような毎日を過ごしている。

幸せは、未来になるものではなく、いまなるものだったんです。

いま幸せになれる。なぜなら、幸せは気づくものだから。

そのことを、僕は、正観さんから教えてもらいました。

人生は、幸せになるのが目的じゃない。

幸せがスタート地点。幸せから夢へ向かうんです。

いまが不満だから幸せを目指すという人は、夢を成し遂げても、そこに見えるのは、新しい不満です。

だから、幸せから始めよう。

正観さんのお葬式、目が腫れるほど泣きました。
でも、今は寂しくありません。僕の心の中で生きているからです。
あなたは死後、誰の記憶に残るでしょうか？
また、誰の記憶に残りたいですか？

人が死んだあとに残るものは、
集めたものではなく、
与えたものである。

by ジェラール・シャンデリ

出典『22世紀への伝言』小林正観（弘園社）

これをやったら次回出られなくなるんじゃないか、
なんて考えないようにしている。
人間いつ死ぬかわからないから、
その時のすべてを出しきりたいんだ。
おれはいつ死ぬかわからないし、
見ている人もいつ死ぬかわからない、
視聴者が最後に見た江頭が、
手抜きの江頭だったら申し訳ないだろ?

by 江頭2:50

出典「ウェブ石碑名言集」

人間の寿命というのはね、
あなたが使える時間のこと。

by 日野原重明（医師）

出典『人生の言葉』いのちの言葉編集部編（角川春樹事務所　ハルキ文庫）

今日は3日、3日は1年に12回ある。

今日は1月の3日。1月3日は1年に1回しかない。

今日は2000年1月3日、

後にも先にも私の一生の中、地球の歴史の中で、

今日一日しかない一日。

だから今日一日ニコニコしていよう!

by 淀川長治(映画評論家)

人間の寿命は有限です。
でも、人間の幅を増やすことは無限に可能です。
有限な人生を無限に生きるためには、
人間の幅を広げることです

by 鍵山秀三郎(イエローハット創業者)

出典『鍵山秀三郎語録』寺田一清編(致知出版社)

たった一人しかない自分を
たった一度しかない一生を
ほんとうに生かさなかったら
人間生まれてきたかいがないじゃないか。

by 山本有三

出典『路傍の石』

与えることは最高の喜びなのだ。

by ウォルト・ディズニー

出典『ウォルト・ディズニーの名言厳選集』

なぜ、あんたは銀行の口座ばかり気にしてるんだ?
なぜ、あんたは、自分の心が奏でるビートを大切にしない?

by ボブマーリー

出典『CATCH THE FREEDOM　ボブマーリーの言葉集』(A-WORKS)

第4章
ハートの声（本心）で生きる

いつもん20

あなたがホッとするときはどんなとき？

僕の友人の話です。

彼は、起業したものの、背伸びをして実力以上に見せようとしたようで、さまざまな問題に巻き込まれ、結果、1億円の借金を背負うことになりました。

20代で1億円の借金。どう考えても、返す方法が浮かばなかった。

保険に入り、車の運転中に、対向車線のトラックに飛び出そう。事故に見せかけて、自分の命を犠牲にして、1億円を返すしかない。

それが彼が出した結論でした。

冷静に考える力が、彼にはもう残っていなかったのです。

対向車線から勢いよく走りくるトラック。

でも、飛び出せない。

今度こそ。

でも飛び出せない。自分は飛び込む勇気すらないのか……。そんな日々が続いた。

でも、今日こそ飛び出そう。これまでは、あれこれ考えすぎて、恐怖に飲み込まれてしまった。今度は、何も考えずに無心でトラックに突っ込むんだ。

来た。あのトラックに飛び込もう。今度は無心で。

すると、ついに彼はアクセルを踏みこむことができた。

その瞬間、いつもは見えなかったトラックの運転手の表情がはっきり見えた。

運転手は、しあわせそうな表情をしていた。

彼は急ブレーキを踏んだ。

そうだ！　そうだった！！！　彼は当たり前のことにようやく気づきます。

トラックの運転手にだって、家族はいるんだ！

このとき、「頭って勝手だな」と思ったそう。

「成功したい」「有名になりたい」「自由になりたい」とずっと思ってきた。でも、いざ事業を始めたら、失敗して１億円の借金。今度は、お金を返せないから、死んで楽になりたいと頭は考えている。あれだけ成功したいって思っていたのに。頭はなんて自分勝手なんだ……。

命より大切なものなんかない。やっと彼は冷静に戻ることができたのです。

トラックに突っ込むのをあきらめ、彼は自宅に戻りました。

家には、生まれたばかりの息子さんがいました。

気づいたら、夢中で子どもの絵を描いている自分がいたそうです。

古民家で、丸い座布団に座り、子どもを抱きしめている絵。

絵の隣には、もし明日に希望があるならと、明日やりたいことを書いた。

「明日も、こうして、子どもを抱きしめたい」

「明日も一緒にご飯を食べたい」

「普通に、笑顔で暮らしたい」

書きながら、涙が出ていた。

彼は死と向き合うなかで、これまで頭の声にかき消されていて聞こえなかった「ハートの声（本心）」と出会ったのです。

自分のほんとうの願いは、成功することじゃなかった。有名になることでもなかった。

「明日も、こうして、子どもを抱きしめたい」

「明日も一緒にご飯を食べたい」

「普通に、笑顔で暮らしたい」

これが彼のほんとうの願いだった。彼は、「頭」が求めているものと、「心」が求めているものが違っていたことに気づくのです。

どんなにみじめでもいいじゃないか。

昼間働き、夜は吉野家でバイトして、借金は一生かけて返していけばいい。

「楽になりたい」ってだけで死を選ぼうとしていた「頭」の身勝手さにバカらしくなり、彼は死ぬのをやめた。

現実の状況をありのままに受け入れた彼は、そこから今日やれることを、手を抜かず一つひとつやっていきました。すると、見事に復活。いまや本を4冊も出版するほど活躍されています。

『一生を変えるほんの小さなコツ』（かんき出版）の著者、野澤卓央さんのお話です。

死を前にしたとき（未来が消えるとき）、大切じゃないものはすべて消え落ち、いま、この瞬間にある本心と出会う。


ハート（本心）を取り戻すんです。

そこにほんとうのあなたがいる。

では冒頭の問いです。

あなたが、ほっとするひとときって、どんなときですか？

ほっとしているときは、ハートとともにいるときです。

その時間をもっと増やすために、今日からできることはなんだろう？

あなたが、ほっとするひとときって、どんなときですか？

その時間をもっと増やすために、今日からできることはなんだろう？

いつもん21

半年後に死ぬとしたら、いまの仕事をやめる？

前述の野澤卓央さんの話には、実は、続きがあります。

野澤卓央さんとは、僕の出版記念パーティで出会いました。

その頃の彼は、まだ1億円の借金を背負う前でしたが、初めて会ったとき、僕は、彼にこういったのだそうです。

「なんでもいいんだけどね、１０００回、心を込めてやると運ばれちゃうよ」

僕は、もう忘れちゃって記憶にないのですが。

当時の僕は、「名言セラピー」というブログを始めて、心に響いた言葉を毎日１コずつ書いていました。１０００本書く頃には、本も出版され、ファンもできて、自分でもビックリするような変化が、身の回りに現れ出していたんです。

１０００回、心をこめてやると、全く新しい自分になれる。
そう実感していた僕はそのことを彼に伝えたようです。

彼は、いままで悩んだことをノートに書く習慣がありました。そして悩んだことをいろんな人に相談し、そのアドバイスを「人生のコツ」として「手帳」にまとめていたんです。

「１０００回、心を込めてやると運ばれちゃうよ」

この言葉を実行してみよう。これから１０００回、毎日人生のコツを配信してみよう。

彼はそう決め、メールマガジンを書き始めました。そんなある日、読んでいた本で、こんな問いと出会います。

「半年後に死ぬとしたら、なにをしますか？」
「１ヵ月後に死ぬとしたら、なにをしますか？」
「明日死ぬとしたら、なにをしますか？」

野澤さんは、この答えを真剣に考え、それぞれノートに書き出してみました。

「明日死ぬとしたら、なにをしますか？」

この問いには、こう答えた。

「親父、いっぱい迷惑かけてきたけど、生まれ変わることを決意した25歳からは、毎日一生懸命生きてきた。この手帳にいろいろなことを乗り越えてきた証がすべて詰まっている。先立ってごめんね。おやじの子でよかった」

明日死ぬとしたら、そういって、父に書き溜めてきた手帳を渡す。それが野澤さんの答えでした。

そして、もうひとつ、「明日死ぬとしても、メールマガジンは配信する」。そう書いた。

その後、1億円の借金を背負うことになり、トラックに飛び込もうとアクセルを踏んだその日も、実は、彼はメールマガジンを配信していたんです。なんで、死のうとしていた日ですら配信できたのか？

それは、借金を背負う前に向き合った「明日死ぬとしたら、なにをしますか？」の問いに、「これまで通り、メールマガジンを配信する」と書いたことを覚えていたからだそうです。

自分は明日死ぬとしても、メールマガジンを配信する。

野澤さんにとって、メールマガジンは父や家族に向けて毎日書いている手紙でもあったからです。

最後の日だからこそ必ずやること、それが父への手紙と、メールマガジンでした。

今日こそ死ぬ。そう思った日に限って、読者さんから、「野澤さんの話に勇気づけられた」というお礼のメールが来たそうです。

そして、1000日以上毎日配信したこのコツこそが、彼の人生の復活の狼煙となっていくのです。読者さんの間で、野澤さんを応援したいという応援団が現れ、彼の本を出版したいという出版社さんが数社現れるのです。

ちなみに僕がブログを始めたのは8月9日で、デビュー作『3秒でハッピーになる名言セラピー』が発売になったのも偶然8月9日。それに続いた野澤さんのデビュー作『一生を変えるほんの小さなコツ』が発売になったのも偶然8月9日でした。

「半年後に死ぬとしたらなにをしますか？」

「明日死ぬとしたら、なにをしますか？」

この問いが、野澤さんの人生を変えたのです。

あなたも同じ質問を自分にしてみよう。


「あなたの余命は半年です」。そう宣告されたら、あなたはなにをしますか？

いまの会社をやめますか？　続けますか？

いまやっていることで、そのまま続けるものはなんですか？

逆に、やめるものはなんですか？


では、明日死ぬとしたら、なにをしますか？

半年後に死ぬとしたらなにをしますか？

いまの会社をやめますか？

いまやっていることで、そのまま続けるものはなんですか？

逆に、やめるものはなんですか？

では、明日死ぬとしたら、なにをしますか？

いつもん
22

誰になろうとしてるんですか?

「人間は誰でも死ぬのだ」

日本でも、数多くの本を出版されているスリランカ初期仏教の長老、アルボムッレ・スマナサーラさんは、3、4歳の頃から、母親に徹底的にそう叩き込まれたそうです。スマナサーラさんは、そのおかげで、遠回りせずに正しい真理を身をもって学ぶことができたといっています。

人は誰しも、頭の中で「私は死にません」という思いで生きています。

なので、「死ぬかもしれない」と思ったとき、恐怖が現れるのです。だから「私は死にません」という思いを早く消してしまったほうがいい。人は死ぬものであると自覚することから正しい見方が生まれ、明るい哲学が生まれるのだと。

仏教では「ヤター　エータン　タター　イダン」（パーリ語）という言葉があります。お通夜で遺体と対面したときに、「ああ、こういうふうになったのか」（ヤター　エータン）「私もこのようになるのだ」（タター　イダン）、と、人の死を通して自分の死を見つめるのです。

だから、ペットが死んだときなども、子どもに「ワンちゃんは天国に行って、いつもあなたのそばで見守ってるよ」などとごまかすのではなく、「生きているものはみんな死ぬのよ」としっかり教えるべきだと長老スマナサーラさんはいいます。

また、死を目前にした人の看護をすることは、想像を絶するほど得をしているのだそうです。死んでいく人の事実を細かく観察できるからです。

どう死ぬかとは、どう生きるかということです。そして、どう生きるかとは、どう、ありのままの自分を受け入れるか、そこが出発点だと僕は思っています。

「死を見ない」というのは、「ありのままを見ない」ということです。
「自分の嫌なところを見ない」という生き方です。
それでは自分に素直になれるわけがない。
それではどんなにがんばっても、一番身近な存在である自分にくつろげるわけがない。

嫌なものを価値判断せずに、ありのままに見れば、それを生かすことができます。
例えば、あなたがピーマンを嫌いだとして、冷蔵庫にあるピーマンを見ないようにしたら、それは腐るだけです。しかし、ここにピーマンがあるとわかれば、ピーマンを超細切りにしてチンジャオロースにだってできるんです。

ありのままを見ずに到達できる真理などありません。

ありのままの自分に素直になれたとき、あなたのハートは解放されます。


そこをクリアーするために、自分の嫌な感情とのつきあい方をご紹介しましょう。

例えば、嫉妬してるときや、くよくよ不安を感じているときなど、嫌な感情が出てきたときに、今度、その感情が体のどこにあるか感じてみてください。

感情は体の感覚とリンクしています。

例えば、緊張や極度の責任感は、肩や首すじに表れやすい。「肩の荷がおりる」「借金で首が回らない」という表現があるのは、文字通り、感情と体がつながっているからです。

愛情の欠乏、孤独感、自己嫌悪は胸に出やすい。だから「胸が痛む」とか「胸にポカんと穴があいたような孤独感」などと表現される。

また、いいたいことがいえない、自己表現の抑圧などはのどに、やりたくないことを我慢してやっている場合は胃に、不安や恐れ、怒りは下腹に出やすい。

この嫌な感情が出てきたときは、その感情を嫌うのではなく、無視するのでもなく、感情が表れている体の部位に手を当てて、いい、悪いの価値判断をせずに、感情をひたすら感じてあげればいいのです。

「あなたはいま、○○って感じているんだね」と、感じてる体の部位に伝えてあげればいい。その嫌な感情に「居場所」を作ってあげればいいんです。

実は、嫌な感情を体のどこで感じているのかと、体の部位を特定した瞬間に、「自分が寂しいのではなくて、自分の胸が寂しいんだ」と、嫌な感情と自分に一段距離を置き、客観的に見られるようになっていきます。

自分の嫌な感情は、中学校や高校にいたヤンキー君たちのような存在です。

ヤンキー君たちは、存在を受け入れてくれない先生の前ではワルさをしますが、受け入れてくれる先生の前ではめっちゃいい人だったりしますよね？　それと同じ。

いつか死ぬんです。

ならば、自分じゃない自分を偽って成功するよりも、むしろ、失敗しちゃっても、ありのままの自分で生きたほうがかっこよくないですか？

誰になろうとしてるんですか？

憧れる人がいることはステキなことですけれど、そのままそのようになる必要はない。せっかく、世界でただひとりの、あなたとして生まれたのだから。
誰にもなる必要はない。あなたは堂々と胸をはって、あなたであればいい。
欠点こそ個性、あなたらしさです。

ありのままの自分にオッケーを出せたとき、あなたは自分のハートとつながります。

出典／参考文献『まさか「老病死に勝つ方法」があったとは』アルボムッレ・スマナサーラ（サンガ）

いつもん23

もし今日が人生最後の日だとしたら、今日やろうとしていたことをする？

今世紀最後のカリスマといわれるアップル創業者スティーブ・ジョブズ。
彼こそ、死を最大に活用した人でした。
次は、ジョブズのスタンフォード大学でのスピーチの一部です。

私は17歳のときにこんな言葉と出会った。「毎日を人生最後の1日だと思って生きていこう。そうすればいつの日か必ず間違いのない道を歩んでいることだろう。やがて必ずその日がやってくるから」。それはとても印象に残る言葉で、その日を境に33年間、私は毎朝、鏡に映る自分にこう問いかけることを日課にしてきた。
「もし今日が最後の日だとしても、今からやろうとしていることをするだろうか」と。「違う」という答えが何日も続くようなら、生き方を見直せということです。

そしてジョブズはいいます。「心に従わない理由などない」と。

ジョブズはお寿司を愛し、また禅を深く学んでいたことから、京都の禅寺を愛していました。iPhoneやiPodなどのアップル製品の、ギリギリまでそぎおとしていくそのデザイン性、そしてジョブズの並はずれた集中力も禅から来ているのだそうです。

そういう意味では、ジョブズのスピリットは、日本人の精神と深くつながる部分があるわけです。

「死をかたときも忘れないこと」

実はこれは、かつての日本人のサムライたちが常に心がけていたことです。

『名言セラピー　幕末スペシャル　The Revolution』という本で、僕はかっこいいサムライたちの生き方を1冊にまとめました。

その本を書いているときに、はっきりわかったんです。

サムライとは、「いかに死ぬか」。

つまり、「この命を何に差し出すか」ということを、いつも問うていた人たちだったと。

武士道の聖典といわれる「葉隠」の中でも、

「武士道というは、死ぬことと見つけたり」

とあります。

死があるからこそ、命の尊さに気づき、命の使い方に真剣になれるのです。完全に死ぬために、いま、ここ、この一瞬一瞬を完全に生きよと。

そして、いつか死ぬ身であることを日ごろからハラに落としこんでいるからこそ、ここ一番の場面では、人のためにその命を投げ出せたのです。

作家の曽野綾子さんは「義務教育で『死』を説かないのは、日本の大人や教育者の怠慢だ」と主張されています。

タイのお寺では、死体を見ながら瞑想する修行だってあります。

死をタブーにせず、死をしっかり見つめることで、「すべては移り変わりゆくもの（無常）」であることを知るのです。

ディーパック・チョプラ医学博士によると、僕らは1日に6万回以上、考えごとをしているそうです。しかも、その90%は前日と同じことだとか。

1日のほとんどを、もう変えられない過去のことか、起こるかどうかもわからない（多分起きない）未来の不安にあれこれ頭を悩ませているんです。

今度食事をするとき、どれくらい自分が考えごとをしながら食べているか、ちょっと意識してみてください。よけいなことばっかり考えている自分に驚くはずです。

だから、「今日、死ぬ」と思って1日を始めてみよう。

「今日死ぬ」と思ったら、過去のことなんてどうでもよくなりますから。

悩んでるときは、「今日が人生最後」って声に出してみよう。

未来の不安なんかバカバカしくなって、「クソくらえ」となりますから（笑）。

恋人が、いま目の前にいるのに、あなたの頭は過ぎ去った過去や、まだ来てもいない明日のことを考えながら会っている。

それでいいんですか？

頭でごちゃごちゃ考えていると、いま、この瞬間に流れている〝風〟を見逃します。

人生は、いま、ここにしかないのに。

日本で受けつがれている禅も同じ発想です。

意識をそらさずに、「いま、ここ」にちゃんとたたずむことができる作法が禅の極意ですから。

「只、今にいる」。これがほんとうの「ただいま」です。

未来でもなく、過去でもなく、「ただ、いま」にいる、その境地にたどり着いたときにかけられる言葉が「おかえり」です。

目覚めましたか？

おかえり。

出典「ハングリーであれ。愚か者であれ」ジョブズ氏スピーチ訳　米スタンフォード大卒業式（2005年6月）

いつもん24 今日飲むお茶が最後のお茶だと思ったら、いままでとなにが変わる？

「私はいつもこれが最後だと思っているんです」

NPO法人「MAKE THE HEAVEN」の代表であるてんつくマンが、鹿児島にあるお寺に行ったとき、住職さんがそういったとか。

「あなたにお茶を注がせていただくのはきっと最後。だから、心を込めて入れさせていただきます。もしも、よろしければ、今回の人生でお茶を飲むのは最後だと思って飲んでください」

そういわれると、お茶の飲み方が変わったといいます。

においを楽しみ、色の美しさに感動し、味をしっかり噛み締めながら飲んだそう。

お茶を一口飲むだけで、幸せがゆっくり体の中に広がっていく感じがした。

それが人生で一番おいしいお茶だったとか。


てんつくマンはいいます。

「目の前の子どもと一緒にいられるのは今日が最後かもしれない。

旦那さんが会社に行くけど、『いってらっしゃい』といえるのは今日が最後かもしれない。

この食事が最後かもしれない。今日という一日が最後かもしれない。

ぼくらはきっと明日もあると思っているし、来年も生きていると思っている。

20年、30年、40年、生きていると思っている。

それが当たり前だと思っている。

当たり前と思ったとき、人は感謝を放棄する。

本当にそれは当たり前なんやろうか？

奥さんがごはんを作ってくれる、お母さんがごはんや弁当を作ってくれる。

それを当たり前と決めつけたのは誰なんやろうか？」

ディズニーランドのスタッフも、「これが最後」という一期一会の思いで働いているという話を聞いたことがあります。

アトラクションの説明をするスタッフは、１日中同じ説明を繰り返すわけですから、普通なら、面倒くさくなることもあると思うのです。でも、「このお客さまがディズニーランドで遊ぶのはこれが人生最後かもしれない」と思ったら、どうでしょうか？

１９８５年の夏、飛行機の墜落事故がありました。あの、御巣鷹山の事故です。その乗客の中には、ディズニーランドで遊んだあとに、あの飛行機に乗り込んだ方もいたのだとか。その写真がディズニーランドのスタッフルームに貼られていたそうです。

5分後になにがあるかは誰にもわからない。ほんとうは、次にまた必ず会えるとは、誰にもいえないのです。

名古屋に「あかずの踏切」といわれた踏切がありました。

名鉄とＪＲが交差して、長いときには15分も踏切があかなくなります。友だちは、そこを一度通ることがあって、やっぱり15分近く待たされ、すごくイライラしたそうです。

それから数年。その踏切が取り壊され、なくなることを新聞で目にしました。もう二度と通れない踏切だと思ったら、友だちは、「あのとき、15分待ってよかった」と思ったそうです（笑）。

これが最後だと思ったら、15分待つ踏切にすら、喜びが出てくるんです。

今日がお別れだと思ったら、いやな人だって少しは許せるよね？
今日が最後の仕事だと思ったら、手は抜かないよね？
今日が最後だと思ったら、子どもを感情のままには叱らないよね？
妻へ。今日が最後だと思ったら、僕にもう少し優しくしてくれてもいいよね？（笑）

ここで、もうひとつ、友だちから来たメールをご紹介します。

ひすいさん、こんばんは。
一昨日、会社の同僚が亡くなりました。

１年間闘病の末、一時は良い方向へ向かっていたそうですが、再発したようです。

数年前、同じプロジェクトで仕事をした仲間でした。

でも、あることがきっかけで、メールでいい合いをしてから会話をすることもなくなり、疎遠になっていました。その１年後くらいに、彼から「以前はメールできついことを書いてしまい、すみません」という謝罪の言葉をもらいました。私は、まだ心にわだかまりが残っていて、結局そのメールに返信をしなかったのです。

……それが　最後でした。

彼は、私と仲違いしたことをずっと気にしていたそうです。

彼のことを許せなくても、あの日のメールが最後だとわかっていたら、私は、どんな対応をしたのだろう……。

「一期一会」とは、本当は「いつも会っている人とこれが最後と思って会うこと」という意味だそうです。今日、彼が亡くなったと聞いて、この言葉が真っ先に思い出されました。これが最後、そう思って日々を生きる。今の私のめざす姿です。

大学生のとき脳の腫瘍で死にかけたことがあると彼がいっていたことを思い出しました。

「俺は、１回死にかけたんだ。だから、いつ死んでもいいように、やりたいことをやって後悔しない日々を送っている」と。仕事で彼と意見がぶつかったときや、破天荒な行動に振り回されたときは、なんて自分勝手なんだろう。そう思っていました。

でも、いまならわかります。

彼は、いま、この瞬間を生きていた人だったんだって。

また、彼と会えたら、「久しぶり〜」ってハグしたい。そう思っています。

加藤牧子

これが人生最後の挨拶だ。

これが人生最後の出社だ。

これが人生最後の電話だ。

これが人生最後のメールだ。

これが人生最後のキスだ。

これが人生最後の読書だ。
これが人生最後のサヨナラだ。
これが人生最後のごめんなさい。
これが人生最後のありがとう。

そんなふうに「これが最後」と思い、いつも「今」に「心」をこめて生きることを「念」を込めて生きるといいます。

出典「てんつくマン　オフィシャルブログ」http://ameblo.jp/tentsuku-man/

いつもん
25
なにもかも大丈夫だとしたら、ほんとは、どうしたい？

人生を冒険として生きるとは、なにも、大きなことを成し遂げろ、ということではないのです。

マザーテレサのこの言葉にある通りです。

「わたしたちは大きなことはできません。ただ、小さなことを大きな愛でするだけです」

冒険とは、世間体で生きるのではなく、他人の目のなかで生きることではなく、自分のホントのキモチで生きることです。

それがホンキで生きるということ、自分らしく生きるということです。

夢も使命もとてもステキなものだけど、だからといって、ムリに持つものじゃない。

人の価値観に従って、夢を叶えたところで、誰の人生？

あなた自身を生きることが、初めの一歩です。

これは、あるメイクの先生から教えてもらったのですが、たいてい、みんなが習慣的に施しているメイクは、ちぐはぐだというのです。もともとの顔が癒し系なのに、かっこいい系に憧れるなど、本来の自分とは違う方向でメイクしてしまうので、おかしなことになってしまうのだそうです。

自分本来の顔のタイプを受け入れ、その方向でまとめてあげるだけで、見違えるように雰囲気が変わるそうです。

夢に関しても同じ。

他人の価値観に踊らされ、自分のほんとうの願いではない夢に惑わされて、その結果、なかなか夢が叶わないということがあるのです。

「願い」には2つある。

心の奥底で感じる「ほんとの願い」(心の声)と、周りに影響されて、表面的なところから出てくる「浅い願い」(頭の声)。浅い願いは、がんばったつもりでもなかなかか結果が出ません。

なぜなら、ホンキになれないからです。


では、「浅い願い」と「ほんとの願い」をどう見分ければいいのか。

例えばあなたが「お金持ちになってハワイで暮らしたい」という夢を持っているとします。

夢が叶ったつもりになって考えてみてください。

どんな気分になりますか？　何をしますか？

たとえば、

「毎朝ビーチを散歩して、おいしいものを食べてのんびりできます」

ここで、「それから？」って自分に問うのです。


「それから？」

「ショッピングも楽しんでマリンスポーツにも挑戦します」

「それから？」

「家で読書します」

「それから？」
「えっと、柿の種の買い出しに行きます」
「え、柿の種？（笑）それから？」

こんなふうに「それから？」「それから？」とドンドン具体的に思い浮かべていき、最後に、心の奥を感じてみるのです。ポイントは、具体的に思い浮かべていくときに、ワクワクしてくるかどうか。体が喜びに満たされていくかどうかどうか。

喜びをリアルに感じられなければ、あなたの描いた夢は、ほんとうの気持ちからではなく、親が望んでいるからとか、世間的に成功のシンボルだからとか、他人の視線に惑わされて生まれたものの可能性が高いわけです。

また、「なんでその夢を実現したいのか？」「なんのために？」と、あらためて目的や動機を見つめ直してみることも大切です。同じことをしていても、目的によって目の前に現れる現実が変わるからです。

では、ここで、他人の視線ではなく、自分の本心を呼び起こすための質問をプレゼントしましょう。

深呼吸を3回して、胸に両手を当てて、ハートを感じて、こう聞いてみてください。

「なにもかも大丈夫だとしたら、ほんとはどうしたい？」

胸の奥にいる自分に、そう優しく問いかけてください。

いますぐに答えは出ないかもしれません。

でも、何度も何度も何度も問い続けていたら、必ず、あなたのほんとうの気持ちに気がつく日が来ます。気づいたら、あとはそこに向かって、ひらめいたことをかたっぱしからやっていけばいいだけ。

人生はシンプルなんです。

参考文献『願いが叶う心の筋トレ』みさきよしの（大和出版）

夢が叶ったつもりになって考えてみてください。
どんな気分になりますか？

そのとき、あなたはなにをしてますか？

それから？

それから？

それから？

喜びでワクワクしてきましたか？

なにもかも大丈夫だとしたらほんとはどうしたい？

しつもん26

これまでの人生で一番うれしかったことはどんなこと？

これまでの人生で、あなたが一番うれしかったことってなに？
あ、そう。あ、ほんとうに！？
そんなことがあったんだ。
それはうれしいね。ステキな話を教えてくれてありがとう。
え、今度は僕のも聞きたい？
しょうがないな。じゃあ恥ずかしいけど、話すよ。

あのね、僕は人見知りだったということはさっきも触れた通りなんだけど、それで、高校時代までは女性と一言も話せなかったんだ。
大学1年のときに、ようやく、「あ、ありがとう」くらいは話せるようになって、大学2年のときに、やっとあいづちを打てるようになり、そして、大学3年のときにようやく彼女ができた。
ここ、拍手をお願いします‼（笑）
当時、僕は東京の八王子に住んでいたんだけど、告白して、つきあえることになった日の帰り道、うれしくてうれしくて、いつも通っている公園が輝いて見えたんです。
いや、ほんとだって！（笑）
ほんとに公園が輝いて見えたんです。

もう絶対、彼女を幸せにするって勝手に誓って。一緒にマイケル・ジャクソンのコンサートに東京ドームへ行ったときも、マイケルが歌っているときに、「マイコー」「マイコー」ってファンが叫ぶわけだけど、僕は、そのとき、勇気を出して、彼女の名前を思い切り叫んだんだ。もうね、マイケルがバラード歌っているときだから、東京ドームに、響き渡ったよ。

「としこ、大好きだーーーーっ」て（笑）。

今から思うと、ほんとうにマイケルには申し訳ないことしたって反省しきり。でも、恥ずかしがりやの僕が、そんなことをしでかすくらい、彼女ができたことが、うれしかったんです。

じゃあ、そろそろ、この話の本題に入りましょう。

うれしかったこと、あなたもいろいろあったと思います。
それ、誰のおかげだと思いますか？

人生では絶対に自分では起こせない奇跡があるんです。
絶対に自分では起こせない奇跡が。
それは、あなたが生まれてくることです。
それは、あなたの両親が起こした奇跡です。

あなたは、ずっと「無」だったんです。
宇宙が生まれて137億年間も、喜ぶこともできない。怒ることもできない。哀しむこともできない。楽しむこともできない。そんなに気が遠くなる間、あなたは、ずっと、ずっと「無」だったんです。

しかし、あなたの両親が奇跡を起こして、あなたは「オギャー」とこの世に遊びに来れた。

そのおかげで、喜ぶことができる。怒ることができる。哀しむことだってできる。楽しむこともできる。

これが、どんだけすごいことか、あなたはわかっているだろうか？

あなたは、あなたの存在に涙を流して喜ぶに値する。

死ぬことだって、生まれた人だけが体験できる特典です。

怒れる。悩める。不安になれる。これも、生きているからこそそのボーナス特典です。

「そうはいっても、悩みのない世界へ行きたいですよ」というあなたにお伝えしよう。

この世にひとつだけ、悩みがない場所があります。

それは墓場です。

でも、そこは必ずいつか行く場所なんだから、いまは悩める人生を楽しみましょうよ。

僕らの人生は約80年。これは、宇宙137億年の歴史に比較した場合、わずか0・1秒に過ぎません。

80年の人生って、宇宙の歴史に対して、0・1秒、まるで花火のような、まばたきの瞬間なのです。

だから、朝、目が覚めるって、それだけでどんだけすごいことか。

明日から目が覚めたら、「ヒャッホー」って大喜びしていいくらいです。

(家族からは変な目で見られるでしょうけど、大丈夫です。最初からそんな目で見られてるから、いまさら気にすることはないよね？（笑）)

いいことも、悪いことも、何かが起きること、それ自体が生きている醍醐味です。

心の平安は、死んだあとの墓場で永遠に味わえるんだから、いまは、悩み、叫び、悲しみ、歌い、踊り、笑おうよ。

もともと「無」だったんです。もともと何も持たずに、素っ裸で生まれてきたんです。

生きることに、失うものなんて何もない。

「人間生まれてきたときは裸。死ぬときにパンツひとつはいてれば勝ちゃないか」

明石家さんまさんの祖父の言葉だそうですが、まさにその通りです。

だから、僕らが、この人生でやることは、ひとつだけです。

何が起きようと、今日という1日をまるごと受け止め、ぞんぶんに味わうこと。

するとね、ハートの扉がひらき、心の声が聞こえてくるはずだよ。

あとは、あなたの心の声に従って生きていけばいい。

ひとつだけヒントをいっておこう。
ハートの扉がひらいたとき、人は自然に誰かのよろこびのために生きたくなるよ。

「人生は美しい！　生きることは素晴らしい！
君はいつも病気のことばかり考えて、暗く、うつむいている。
それじゃあ、いけない。
人間には『死ぬ』ことと同じくらい、避けられないことがあるんだ。
それは『生きる』ことだよ！」

チャップリン『ライムライト』より

さあ、今日も１日が始まった。
あなたがいうべきセリフはこうです。
そう。

ヒャッホー

ラストメッセージ

いつもと
27

理想の人生を生き切った「未来のあなた」が、「今日のあなた」にメッセージを贈るとしたらなんと伝える？

ある心理学者のこんな実験があります。

心に深い傷（トラウマ）を追った人たちのなかで、そのトラウマを乗り越えた人たちと、まだ乗り越えていない人たちで、トラウマとなった出来事を思い出したときに、記憶になにか違いはあるのだろうかと調べたのです。

例えば、親との関係になにかトラウマがあったとします。

その際に、トラウマをすでに乗り越えた人は、その記憶を思い出した際に、イメージの中に、「親」と「自分」がいました。

一方まだ乗り越えてない人が回想した場合は、「親」しか出てこなかったんです。

トラウマを乗り越えた人たちは、回想した際に、自分が登場する。

一方、乗り越えてない人たちは、回想した際に、自分はそこにいないわけです。

この違いはなにを意味してるのか？

回想シーンに自分が登場するということは、「自分を客観視できている」ということです。

登場しないということは、トラウマがまだ現実のままだということです。現実の視点では、自分は見えないので、自分は登場しないわけですから。

この実験でわかったことは、自分を客観的に見られるこの視線こそ、自分を癒す力になるということです。

実は、この本では、人生最後の日の自分の視点（自分を客観視する視点）をあなたにプレゼントしたかったんです。

人生最後の日から見たら、いま、あなたが悩んでいる問題はどう映るでしょうか？

とるに足らないことだったと、なりはしないでしょうか？

では、この本の最後は、あなたにしめていただきます。

理想の人生を謳歌した「未来のあなた」が、「現在のあなた」のためにメッセージを伝えてください。

そのために、これから、理想の人生を終えた未来のあなたを想像してもらいます。

人生の最後に、あなたは、どんな気持ちになっていたいでしょうか？

イメージしやすくなるための心理療法「エンプティ・チェア」も合わせてご紹介します。とっても簡単で、いろんなことに応用できるのでこの機会に覚えてください。

エンプティ・チェアとは、自分の位置を変えることで、新たな物の見方、感じ方を体験する手法です。物の見方を変えるには、立場を変える必要があります。立場とは、文字通り、「立」っている「場」です。エンプティ・チェアでは、別の立場を体験するために複数のイスを使います。

今回はイスをふたつ用意します。
ひとつめのイス（Aのイス）を置いたら、そこから歩いて5歩くらい先に、向かい合わせで、もうひとつのイスを置きます（Bのイス）。

まずAのイスに座ります。
そして、あなたの目の前に扉をイメージしてください。
その扉の先は、理想の人生を終えた、あなたの人生の最後の場面になります。
3、2、1と数えたら、その扉を開けてください。

扉をあけたら、立ち上がって一歩一歩、Bのイスへ向かってゆきます。

そして、Bのイスに座るときに、理想の人生を過ごした人生最後の日の自分と同化するつもりで座ってください。そして、最高の人生を満喫した最後の1日の自分を感じてみてください。

なにが見えますか？
どんなところにいますか？
自宅ですか？　風が心地よいリゾートの別荘でしょうか？
まわりにはなにがありますか？
あなたは、どんな服を着ているでしょうか？

理想の人生を終えたあなたになってみて、どんな気持ちを感じていますか？
晴れ晴れとしたやりとげた感でしょうか？
心地よい静かな充実感でしょうか？
その気持ちを、体のどこで、どんなふうに感じていますか？
しばらくその感覚を十分に感じてみましょう。

人生最後の日の、満たされた自分の体の感覚を味わったら、今度は、目の前のイス（A）に現在の自分が座っているとイメージして、眺めましょう。

そして、最高の人生を満喫した未来の自分から、現在の自分へ向けてのメッセージを、声に出して伝えてあげてください。感じるままに話してください。

読んでいるだけではピンとこないと思いますが、実際に、場所を移動してイスに座わると、自分でもビックリするくらい、自分へのメッセージが出てきたりします。

一応、参考までに、僕が、この方法で、あなたになったつもりで書いてみました。

理想の人生を終えた人生最後の日のあなたになったつもりで紡いだメッセージを贈ります。

あなたへのラストメッセージ、声に出して読んでもらえたら、うれしいです。

どうも。僕はあなただ。理想の人生を生きた人生最後の日のあなただよ。
人生は短い。あっという間だった。
生まれてから、今日までのことを考えてごらん。
長いようであっという間だっただろ?
同じように、今日から、人生最後の日までもあっという間なんだ。

やりたいことはすべてやるがいい。
人間は、死ぬ間際、やったことに後悔する人は少ないものだ。
やらなかったことに後悔する。

チャップリンがいったとおりだよ。
In the end,everything is a gag.
つらかったことも、最後には全部ギャグになる。

ボブマーリーが歌ったとおりだよ。
Everything's gonna be alright.

すべてだいじょうぶだから。
やってみたいことはやってみるがいい。
なにもかもだいじょうぶだから。
人生最後の日を迎える私から見ると、
うまくいったかどうかなんて、どうでもよかったんだとわかる。

人生最後の日から見ると、すべての出来事は夢の中の思い出になるんだ。


昨日のことだって、これまでのすべての出来事だって、もう、みんな夢の中の記憶だろ？

夢の中で、ビビってどうする？　夢の中で、心配してどうする？

なんであんなことに深刻になっていたんだろうと、自分に笑うしかないよ。


どっちでもいいんだ。結果はすべて、人生最後の日に、夢となるのだから。

だから、大切なのは、どんな気持ちで、それをやっていたのか。

ほんとうに大切なのは、そこだけだ。

ほんとうに大切なのは、ハートをひらくこと、自分に素直になること。
いまの自分の気持ちにちゃんと寄り添ってあげるんだ。
「ほんとは、どうしたいの？」って。
それが、未来の私からあなたに一番伝えたいことだ。

人生は文字どおり旅なんだ。
旅に成功も失敗もあるか。
そして、旅には、やらなければいけないこともなにもない。
歯を磨く、それくらいのもんだ。
だいじょうぶ。子どもの頃の気持ちを思い出してごらん。
そう。その気持ちだ。家の扉をあけたとたんに、走り出していたあの頃のあなた。

私は、私の人生を選んでほんとうによかった。
人生最後の日、私はいま幸せだ。
いま、心からそう思えるのはあなたのおかげだよ。
いまのあなたが、たくさん、たくさん、悩んでくれたからだ。

いまのあなたが、たくさん、たくさん傷ついてくれたからだ。
そして、いまのあなたが勇気を出して一歩踏み出してくれたからだ。
すばらしい人生だった。心からありがとう。

あなたはひとりじゃない。
わたしを含めて、未来のあなたたちが、みんなあなたを応援している。
そして、みんなあなたに感謝している。

では、人生最後の日に会おう。
Everything's gonna be alright.
すべてだいじょうぶだから。

人生最後の日の未来のあなたより

では、イスを用意して、ワークをやってみよう。

人生最後の日のあなたが、今日のあなたに贈るメッセージを伝えてあげるのです。

そして伝え終わったら、またAの現在のあなたのイスに戻り、そのメッセージを受けとめてください。受けとめたら、理想の人生を終えた未来の自分とハグして、未来の自分を、あなたのハートにそっととけ込ませてください。


これからは、未来の自分とずっと一緒です。

もう、これで未来の幸せな自分（ゴール）を確定しました。

あとは、そこにいたるまでのプロセスです。

だから、もう大丈夫だよね？

だから、もう大丈夫だよね？

だって、何がこの先起きても、最後はハッピーエンドなんですから！


このワークで、印象に残った言葉があればここに書き記しておいてください。

それが未来のあなたが現在のあなたに贈るメッセージです。

未来の私から今の私へ

あとがき

この本を書こうと思った直接のきっかけは、税所篤快《さいしょあつよし》さんの存在です。

この本の最初に触れましたが、

「90年の人生を振り返って唯一後悔してることはなんですか？」

というアンケートに対して90％の人が「もっと冒険しておけばよかった」と答えたそうです。

実は、この話は、僕の処女作である『3秒でハッピーになる名言セラピー』（ディスカヴァー・トゥエンティワン）にも書きました。それを読んでくれた、当時中学生の税所さんは、こう考えたそうです。

普通にこのまま人生を過ごしたら、人生の最後の瞬間に後悔することになる。

このままの生き方でいいのか？

税所さんは自分にそう問いました。

彼の出した結論は……「ならば、人生を冒険として生きよう」。

そう決意した彼が大学生になり、1冊の本と出会います。

坪井ひろみさんの『グラミン銀行を知っていますか?』という本。

グラミン銀行は、ムハマド・ユヌス博士が総裁をつとめるバングラデシュの銀行で、たった24ドルから「貧者のための銀行」を始めた、いわば社会起業家たちの間のヒーローでノーベル平和賞も受賞しています。

すべて逆のことをやる銀行なんです。普通の銀行は都市のお金持ちを相手にする。でも、グラミン銀行は、農村の貧しい人を相手にする。普通の銀行は相手のキャリア、実績(過去)を見る。でも、グラミン銀行は、相手の未来にかける。

チャリテイではなく、ソーシャルビジネスとして、「施しではなく尊厳を」という立場で貧者を金銭的に支援するユヌス博士の存在に惹かれた。

彼は、読み終わるや、すぐにその本の作者の坪井ひろみさんの秋田大学に連絡しました。

「先生の著書を読んで……あのう、感動して……。あ……、あの、会いに行っていいですか?」

「い、いつでしょう?」と坪井先生は返した。彼はいった。

「明日」

翌日、着なれないスーツに着替えて朝の9時、秋田大学に乗り込んだ。坪井先生の研究室のドアには「ようこそ！」と彼を歓迎する張り紙がしてあった。坪井先生はこういっています。

「メールや手紙をくれる人は多いけど、本を読んだその日の夜行バスで秋田まで駆けつけてきたのは彼が初めてです」

人生を冒険として生きるとは、やりたいことを来年にのばす人生ではないんです。

「感」じたら、すぐに「動」くということです。その先に「感動」があります。

坪井先生との出会いからご縁が広がり、彼はアジア最貧国バングラデシュに乗り込みます。そして、貧困の問題に直面する。バングラデシュでは、教師が4万人足りなかった。だから、貧しい農村部に生まれた子どもたちは教育を受けられず、貧富の格差が開く一方なのです。

貧乏というだけで可能性が閉ざされる。この状況をなんとかしてあげたい。

でも、大学生の彼に、なんとかできるわけがない……と、彼は思わなかった。

なぜなら、「人生を冒険として生きる」と中学生のときに決めていたからです。


できることをやる。それは、冒険とはいわない。ムリだと1000回いわれても、やりたいことをやるのが冒険です。そして、やる前に、あきらめる理由は全て捨てる。

「やってやれないことはない。やらずにできるわけがない」という精神です。


彼は高校のとき落ちこぼれだった。テストは2、3点。10段階中の成績は1か2。

しかしそんな落ちこぼれだった彼は、予備校の東進ハイスクールに通い生まれ変わるのです。東進ハイスクールは全科目、最強の教師しかいません。収録された映像で授業をするので、最強の教師がひとりいれば十分なのです。

実は、彼は、この映像教育のスタイルをバングラデシュに導入して教育革命を起こすのです。導入してくれる村を見つけ、資金を出してくれる方を探し、そして授業の映像をＤＶＤに収録してくれる最強の講師陣をバングラデシュの予備校に自ら通いつめて、一人ひとり先生を口説いていったのです。

何度も何度も挫折をくりかえしながらも、それでもやりとげた税所篤快さん。現在、彼はまだ現役大学生の22歳です。

「あそこの教室の先生は、箱の中にいる」と話題になり、「農村部で革命と呼ばれる授業が始まる」とバングラデシュの新聞では6紙に取り上げられました。

まさに、バングラデシュの教育レボリューションを日本の大学生がやり遂げたのです。

実は、このプロジェクトの立ちゆきが懸念される問題が続出した時期がありました。追い打ちをかけるように、資金が強盗に奪われた。雇った先生にもお金が払えない……絶体絶命のピンチです。打ちひしがれる彼に、恩師が封筒を渡してくれました。

その封筒の中には1年間分のプロジェクト運営費が入っていました。

そして、恩師はこういってくれた。

「『我、事において後悔せず』といったのは宮本武蔵ですが、要するに自己批判なんて安易なごまかしか、暇人がするものであって、前進している人には自己批判も言い訳もないのです。ただ前に進む。『僕に言い訳はない』の精神で頑張ってください」


ホンキで夢に向かうとき、ホンキでそれを支えてくれる人との出会いがあります。

ホンキで人生に向き合うとき、感謝の気持ちが自然に湧き上がります。

この思いこそ、死ぬ前に思い出したいワンシーンになるはずです。


90％の人は90歳を超えて人生を振り返ったときに、「もっと冒険しておけばよかった」と思う。ならば、人生を冒険として生きる、そう決めた税所さんは、この話を教えてくれた僕にお礼をしたいとわざわざ訪ねてきてくれたのです。


生きるって、不思議だなって思います。

赤面症で人見知りで小心者。そんな自分を変えたくて、学んできたことを毎日1話ずつブログに書いたものから生まれた『3秒でハッピーになる名言セラピー』。間接的とはいえ、この本を、税所さんはひとつのきっかけにしてくれて、バングラデシュの教育革命にまでつなげてくれた。

わざわざお礼にと、税所さんが尋ねてきてくれたとき、すごくうれしかったです。

1粒の米は地に落ちると、24の芽が出て、24の稲となります。

24の稲は、およそ300粒の実を結ぶ。つまり、1粒の米は秋には7200粒になるのです。そして、その7200粒は翌年の秋には、どれくらいになると思いますか？

5814万粒になります。1粒のお米は、翌年には5814万粒になりうるのです。


小さな一歩が、とんでもない大きな一歩につながっていく。

これが命というものです。

笑っちゃうくらい、今日という1日は、大きな可能性を秘めているんです。

あなたはいま生きている。それ以上の奇跡などありません。

いつか死ぬ身であることを心の深くに刻めば、今日という1日がいかに可能性にあふれ、うれしく、ありがたく、いつにもまして輝きはじめることに気づくことでしょう。

そして、あなたは、人生最後のその日を、

「ははははははははははははははははははははははは」
って笑って、迎えられるはずです。

今日から新しいあなたです。
あなたは、やり残したことをやり遂げるために、未来からやってきた、新しいあなたです。

では窓をあけて部屋に新しい風を呼び込もう。
風を感じて、深呼吸。
そして、胸に両手を当ててしばらく心臓の鼓動を感じてみてください。
ドックン　ドックン　ドックン　ドックン　ドックン
ハートを感じて、ハートのどまんなかで生きるんだ。

出典／参考文献『前へ！前へ！前へ！』税所篤快（木楽舎）「大原幽学」タカクラテル

人生最後の日、
あなたの心は
きっと晴れている。

【この本の参考文献】

『癒されながら夢が叶う！ 問題解決セラピー』 矢野惣一（総合法令出版）

『こころのエンジンに火をつける魔法の質問』 マツダミヒロ（サンマーク出版）

『ピンチをチャンスに変える51の質問』 本田健（大和書房）

『ココロの教科書』 ひすいこたろう＋スズキケンジ（大和書房）

SPECIAL THANKS

大山聡子　矢野惣一　スズキケンジ　税所篤快　沖縄F先生　鳥濱明久

Ayaka Michell　おもちかあちゃん　石井詩織　青木あすか　佐佐木順子

伊東美佳　安藤典子　種市勝覺　岩渕宏介 アンジー　みぽりん

愛を伝えるママナースかおりん　内田道子　なお　大石純代　ヒロキ

（敬称略）

写真家の乃一智代美さんのフェイスブックはこちら↓

http://www.facebook.com/chiyomi.noichi

●次はLINEで逢いましょう。

イベントなど、ひすい最新情報はLINE公式アカウントから。

QRコードからいま登録いただくと、

ひすいお気に入りの４つの名言解説音声プレゼント中！

https://lin.ee/eCQFwXM

本の感想やファンメール、寝ずにお待ちしています（笑）

ひすいこたろう

hisuikotaro@hotmail.co.jp

あした死ぬかもよ？

人生最後の日に笑って死ねる27の質問

発行日　2012年12月15日　第１刷
　　　　2025年１月20日　第55刷

Author　ひすいこたろう
Book Designer　永松大剛（BUFFALO.GYM）
Illustrator　たつみなつこ
Photographer　乃一智代美

Publication　株式会社ディスカヴァー・トゥエンティワン
〒102-0093　東京都千代田区平河町2-16-1 平河町森タワー11F
TEL　03-3237-8321（代表）
FAX　03-3237-8323
http://www.d21.co.jp

Publisher　谷口奈緒美
Editor　大山聡子

Sales & Marketing Company
飯田智樹　庄司知世　蛯原昇　杉田彰子　古矢薫　佐藤昌幸　青木翔平　阿知波淳平　磯部隆
大﨑双葉　近江花渚　小田木もも　仙田彩歌　副島杏南　滝口景太郎　田山礼真　廣内悠理
松ノ下直輝　宮田有利子　三輪真也　八木眸　山田諭志　古川菜津子　鈴木雄大　高原未来子
藤井多穂子　厚見アレックス太郎　伊藤香　伊藤由美　金野美穂　鈴木洋子　陳鋭　松浦麻恵

Product Management Company
大山聡子　大竹朝子　藤田浩芳　三谷祐一　千葉正幸　伊東佑真　榎本明日香　大田原恵美
小石亜季　野村美空　橋本莉奈　原典宏　星野悠果　牧野類　村尾純司　安永姫菜　斎藤悠人
浅野目七重　神日登美　波塚みなみ　林佳菜

Digital Solution & Production Company
大星多聞　中島俊平　馮東平　森谷真一　青木涼馬　宇賀神実　小野航平　佐藤淳基　舘瑞恵
津野主揮　西川なつか　野﨑竜海　野中保奈美　林秀樹　林秀規　元木優子　福田章平
小山怜那　千葉潤子　藤井かおり　町田加奈子

Headquarters
川島理　小関勝則　田中亜紀　山中麻吏　井筒浩　井上竜之介　奥田千晶　中西花　福永友紀
齋藤朋子　俵敬子　宮下祥子　池田望　石橋佐知子　丸山香織

Proofreader　工藤美千代
DTP　株式会社インターブックス
Printing　中央精版印刷株式会社